AF313586

LE PLAIN-CHANT RENDU FACILE

LECTURE A PREMIÈRE VUE SUR TOUTES LES CLEFS

PETIT
SOLFÉGE DES ÉCOLES

POUR FORMER LA VOIX DES ENFANTS

PAR F^{re} ACHILLE DE LA MISÉRICORDE

7e Édition

Approuvée par Son Éminence Mgr le Cardinal DONNET,
Archevêque de Bordeaux.

PARIS
VICTOR SARLIT, LIBRAIRE-ÉDITEUR
Rue de Tournon, 19

ET CHEZ L'AUTEUR, FRÈRE ACHILLE
A SAINT-SAUVEUR-LENDELIN (MANCHE)
1874

APPROBATION

DE S. ÉM. MONSEIGNEUR LE CARDINAL DONNET

ARCHEVÊQUE DE BORDEAUX.

« *Bordeaux, le 24 janvier 1870.*

« Monsieur,

« Le PETIT SOLFÉGE DES ÉCOLES, comme le
« PAROISSIEN ROMAIN NOTÉ qui en est le résumé
« le plus fidèle, sera pour toute cette jeunesse inté-
« ressante, un motif de plus à étudier sérieusement le
« plain-chant de nos églises.

« La méthode courte et facile de votre premier
« travail sera, soyez en sûr, Monsieur, couronnée
« d'un plein succès.

« Ne doutez pas un instant du bonheur que j'é-
« prouve à vous en féliciter, et veuillez agréer en
« même temps l'hommage de mes sentiments affec-
« tueux.

« ✝ FERDINAND CARD. DONNET,
« Archevêque de Bordeaux. »

SAINT-MAIXENT, TYP. CH. REVERSE.

PETIT
SOLFÉGE DES ÉCOLES

INTRODUCTION

—

UN MOT SUR LE CHANT RELIGIEUX.

COMBIEN IL EST UTILE DE L'APPRENDRE ET DE L'ENSEIGNER.

PRINCIPES GÉNÉRAUX DU PLAIN-CHANT.

On appelle *Chant religieux*, ce chant grave, simple, mélodieux que la sainte Église emploie dans la célébration des divins offices.

Il serait à désirer que ce chant si beau, si solennel, si sublime, si touchant, lorsqu'il est exécuté avec ensemble et piété, fût connu de tous les fidèles et qu'on l'enseignât même dans les plus modestes écoles primaires, afin que, dans un avenir prochain, tous les chrétiens puissent former dans le temple saint un harmonieux concert à la gloire du Très-Haut.

Voici ce que dit, à ce sujet, Monseigneur Parisis, évêque d'Arras, dans une lettre pastorale sur le chant religieux.

« Il n'est point de paroisse, si petite qu'elle soit, où l'on ne
« puisse trouver des enfants, des adolescents et des hommes en

« assez grand nombre pour former, par la combinaison intelli-
« gente des diverses natures de voix, des psalmodies très-mé-
« lodieuses et de véritables concerts parfaitement religieux. »

Nous sommes persuadé que notre système de notation, qui simplifie beaucoup l'étude du chant, aidera puissamment à atteindre ce but. Cependant, comme le dit fort bien Monseigneur Parisis :

« Les moyens pour obtenir ce résultat si désirable se trouvent
« placés (surtout) dans les mains des instituteurs de la jeunesse,
« puisque ce sont eux qui sont chargés de former le premier
« âge de la vie, cet âge où l'on dépose le germe des goûts, des
« dispositions, des talents et des vertus qui doivent diriger et
« déterminer le reste de l'existence. »

Nous avons pensé qu'il fallait une méthode simple, facile et prompte en bons résultats pour donner l'essor ; c'est pourquoi nous nous sommes mis à l'œuvre. Nous espérons compléter notre travail par la publication d'un PAROISSIEN ROMAIN COMPLET, à l'usage des fidèles et des chantres ; en attendant, nous recommandons le PAROISSIEN DES ENFANTS.

« Que des leçons de Plain-Chant soient régulièrement don-
« nées par tous les instituteurs aux enfants qui leur sont confiés ;
« que dans le cours de chaque semaine le chant du dimanche
« suivant soit étudié, préparé, concerté par quelques exercices
« pris en commun avec une application sérieuse...... »

« Ainsi les enfants contracteront l'amour des divins offices,
« en acquérant le goût, la science et l'habitude des saintes mé-
« lodies de l'Église. Il y a longtemps qu'on l'a dit : — on ne
« peut aimer ce qu'on ne connait pas ; aussi une des raisons du
« dégoût d'un grand nombre d'hommes pour nos solennités,
« c'est leur ignorance complète de ce qui s'y dit et s'y pratique.
« Au contraire, on fait presque toujours volontiers ce que l'on

« sait bien faire. . . . — Lorsque plusieurs générations auront
« été ainsi formées, lorsque la partie la plus vivante d'une po-
« pulation aura contracté l'heureux usage de prendre une part
« active, par le concours intelligent de la voix, au culte public,
« alors un attrait naturel s'associera aux motifs de foi pour
« convoquer à la maison de Dieu, et il sera impossible que les
« offices d'une telle paroisse soient, ainsi qu'ils le sont trop
« souvent, désertés par les hommes. »

Puisse donc le zèle des prêtres, des membres des congréga-
tions religieuses et des instituteurs s'unir à nos efforts pour
obtenir cet heureux résultat.

— A. M. D. G. —

PRINCIPES GÉNÉRAUX DU PLAIN-CHANT.

CARACTÈRES EMPLOYÉS DANS LA NOTATION.

1° Les signes employés pour écrire le Plain-Chant, sont *la
portée*, les *notes*, les *clefs*, les *barres*, le *guidon*, le *bémol*, le
bécarre et le *dièse*.

2° La *portée* comprend quatre lignes que l'on peut augmenter
de lignes supplémentaires, soit au-dessus ou au-dessous quand
ces lignes ne suffisent pas.

EXEMPLE :

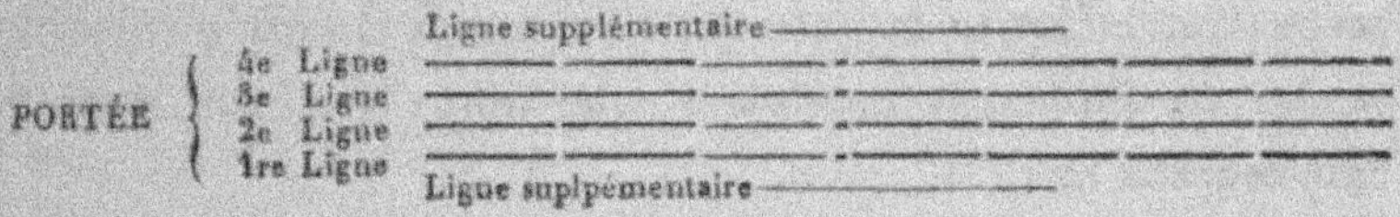

PORTÉE { 4e Ligne / 3e Ligne / 2e Ligne / 1re Ligne

Ligne supplémentaire ————————

Ligne supplémentaire ————————

3° Il y a sept *notes* que l'on désigne par les syllabes :

DO, RÉ, MI, FA, SOL, LA, SI.

On les représente sous trois formes différentes :

La carrée,   *la carrée à queue,*   *et la losange.*

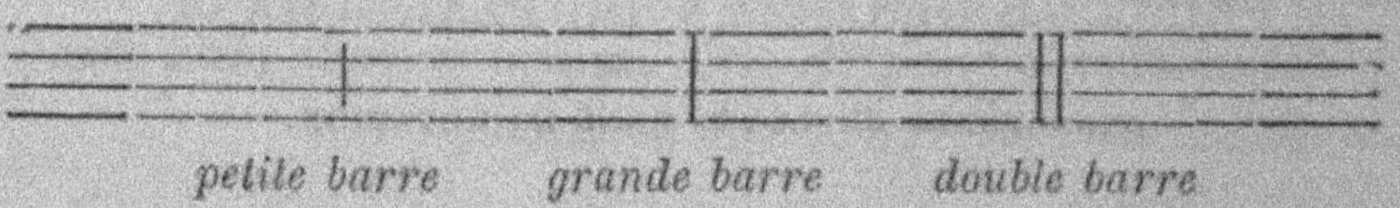

4° Les *clefs* sont à peu près inutiles avec notre système de notation ; cependant nous les conserverons afin de ne rien changer à la notation ordinaire du chant romain.

5° On appelle *barres* des lignes verticales qui se placent sur la portée ; il y en a de trois sortes : les petites barres, les grandes barres et les doubles barres.

EXEMPLE :

    petite barre   *grande barre*   *double barre*

6° Les *petites barres* servent à marquer les endroits où l'on doit respirer ; la *grande barre* ou *barre de repos*, à distinguer les différents membres d'une période de chant. Les *doubles barres* se mettent à la fin des pièces de chant. Elles servent à marquer les mots de l'intonation. On les emploie aussi pour séparer les diverses parties d'un morceau qui doit être chanté par plusieurs personnes alternativement.

7° Le *guidon* est une demi-note qui se place à la fin de chaque portée pour indiquer la note qui commence la portée suivante. Comme ce signe est peu utile avec notre système, nous ne l'emploierons pas.

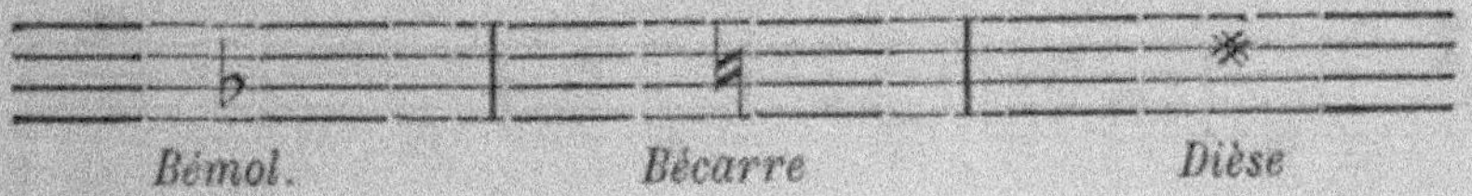

8° Le *bémol* est un signe qui baisse d'un demi-ton la note qu'il affecte. Le *bémol* placé à la clef est continu ; il affecte toutes les notes de la ligne ou de l'interligne où il se trouve ; lorsqu'il est accidentel, il n'affecte que la note devant laquelle il est placé.

9° Le *bécarre* détruit l'effet du *bémol* et remet la note dans son ton naturel.

10° Le *dièse* hausse d'un demi-ton la note qu'il affecte ; son effet est également détruit par le *bécarre* ; il est aussi continu ou accidentel, selon qu'il est placé soit à la clef ou devant une note isolée.

11° On appelle *gamme* la série des sept notes du plain-chant, complétée par la répétition de la première.

GAMME NATURELLE.

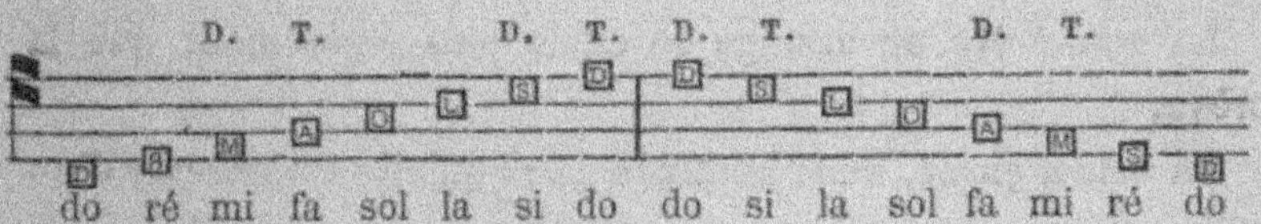

12° La différence de sons entre deux notes établit entre elles une relation que l'on nomme *intervalle* ; or une gamme comprenant huit sons renferme naturellement sept *intervalles*, dont cinq d'un *ton* et deux d'un *demi-ton*. La position des demi-tons est marquée, dans le *tableau des gammes*, par les lettres D. T.

TABLEAU DES INTERVALLES.

Seconde   Tierce   Quarte   Quinte   Sixte   Octave

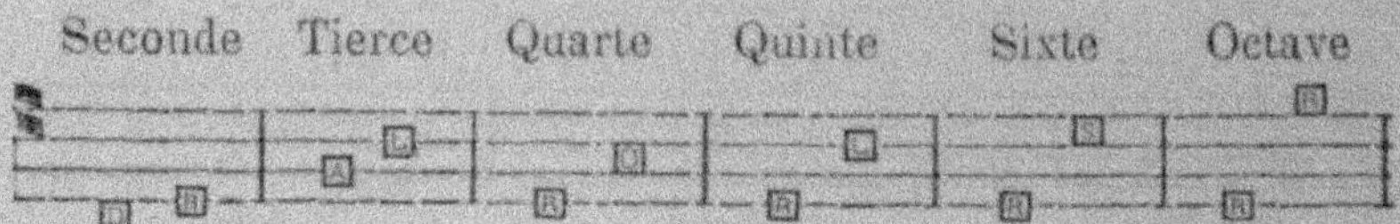

13° Chacune des notes peut recevoir trois dénominations différentes : 1° son nom propre, 2° le nom de son ordre, 3° le nom que lui donne sa fonction dans la gamme.

EXEMPLE :

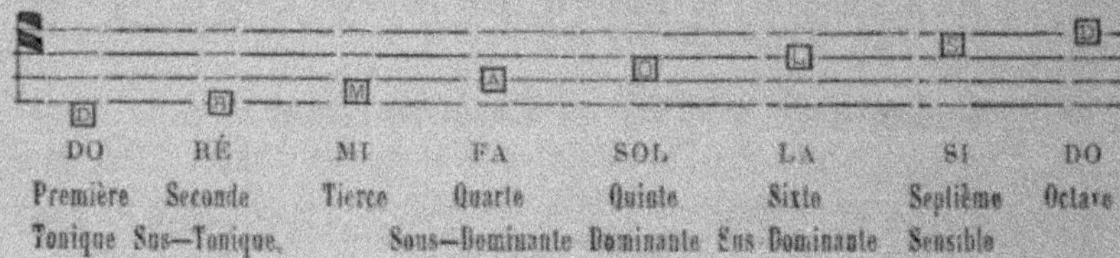

14° La *gamme* peut commencer indifféremment par l'une des sept notes du plain-chant.

15° VALEUR DES NOTES.

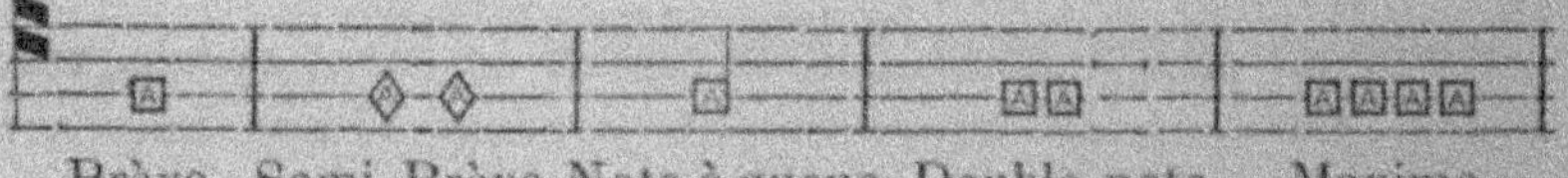

Brève   Semi-Brève Note à queue Double note   Maxime

La *note brève* ou *carrée* est la note normale du plain-chant.

La *semi-brève* ou losange se coule plus légèrement que la brève.

La *note à queue*, ainsi nommée parce qu'elle est affectée d'un trait vertical, se fait entendre plus fortement que la brève; la voix s'appuie dessus en chantant.

La *double note* demande à être tenue plus longtemps que les autres notes; mais ni les unes ni les autres n'ont de mesure de précision comme dans la musique.

La *maxime* n'est plus en usage que dans l'harmonie.

DES NEUMES OU GROUPES DE NOTES.

16ᵉ *Règle générale*. Pour bien exécuter les *neumes* il faut lier les notes avec douceur, et éviter, avec le plus grand soin, les coups de voix martelés et saccadés.

Les principaux neumes sont :

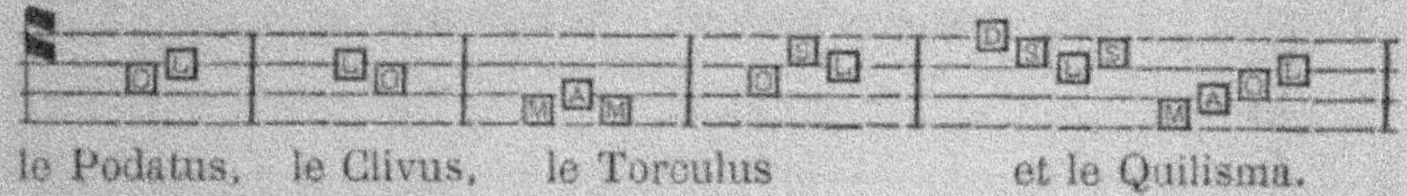

1° On accentue la note la plus élevée du *Clivus*.

2° Les trois notes du *Torculus* se font égales; mais dans une succession de *Torculus*, on coule les notes doucement et l'on accentue la dernière.

3° On coule avec douceur les notes du *Quilisma*, et l'on accentue la plus élevée.

DES MORCEAUX SYLLABIQUES.

17° Pour bien exécuter les morceaux de chant syllabiques, c'est-à-dire ceux qui n'ont le plus souvent qu'une note sur chaque syllabe, on accentue : 1° tous les monosyllabes; 2° la première syllabe des mots de deux syllabes; 3° l'avant-dernière des mots qui en ont trois et plus. Si cette syllabe est brève prosodiquement, on accentue celle qui la précède.

Ces règles souffrent quelques exceptions, mais ces exceptions ne sont pas à la portée des enfants. Il suffira de leur faire appliquer l'accentuation régulièrement marquée dans les *livres d'offices*.

EXEMPLE :

Les notes sur lesquelles la voix doit s'appuyer sont marquées par une queue.

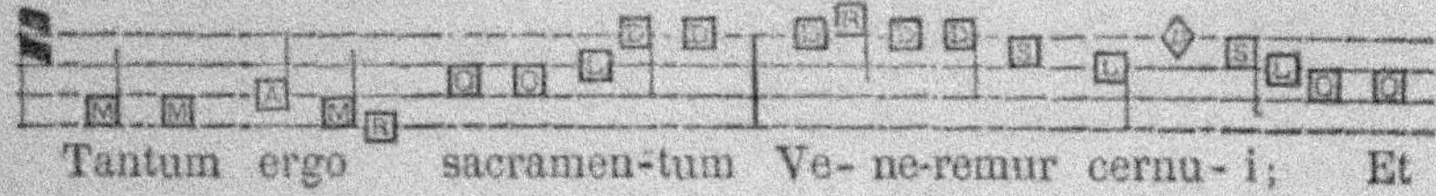

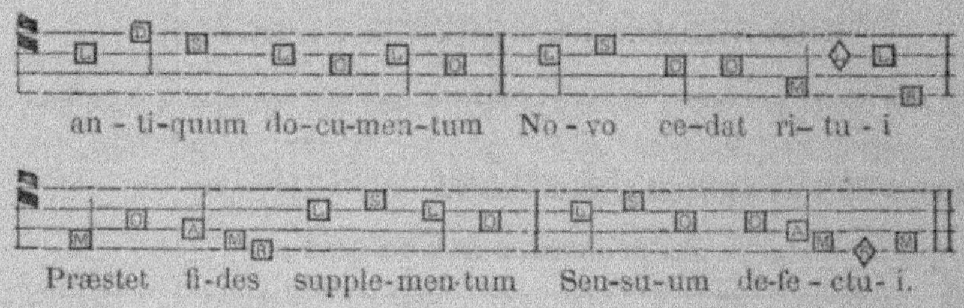

NOTATION ANCIENNE.

GAMME SUR LES TROIS CLEFS.

DU PLAIN-CHANT MESURÉ.

—

On se sert quelquefois des caractères du plain-chant, pour écrire les morceaux de musique. Dans ces morceaux, le plain-chant est *mesuré*, c'est-à-dire que les notes et les silences de même nom, ont une valeur qui est rigoureusement égale. On réunit les notes et les silences en groupes d'égale durée, pour former ce qu'on appelle les *mesures*.

Pour exécuter le plain-chant mesuré, il faut connaître : 1° la valeur des notes et des silences ; 2° les différentes espèces de mesure ; 3° les accidents.

I. — DE LA VALEUR DES NOTES ET DES SILENCES.

1° Valeur des notes.

La quadruple	La double	La carrée
Vaut deux doubles	Vaut deux carrées	Vaut deux brèves

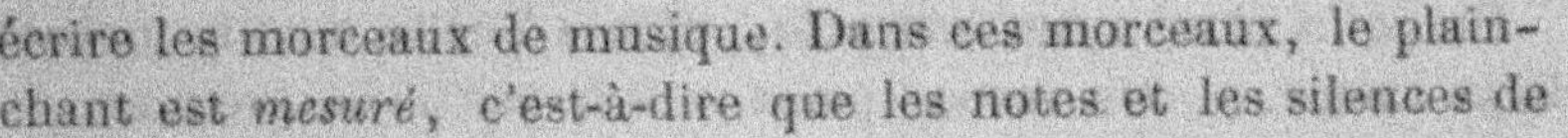

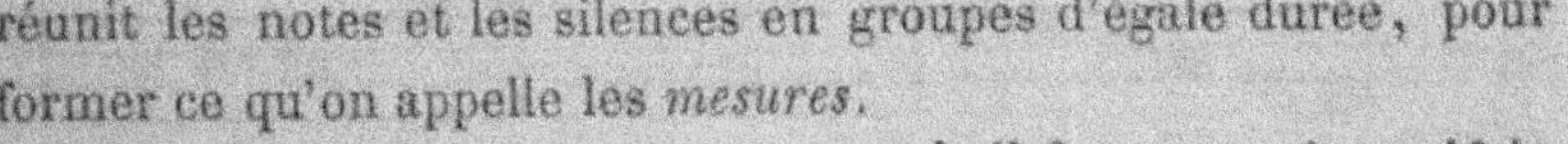

La *quadruple* vaut 2 *doubles*, ou 4 *carrées*, ou 8 *brèves*.
La *double* vaut 2 *carrées* ou 4 *brèves*.

2° *Valeur des silences.*

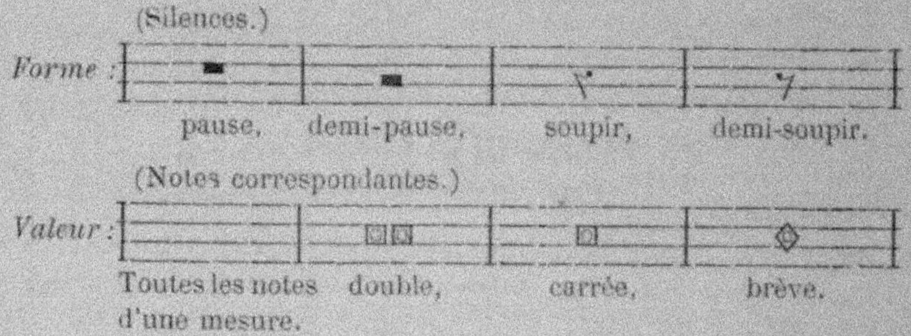

3° *Valeur du point après une note.*

Un point placé après une note, ajoute à cette note la moitié de sa valeur. — Un second point vaut la moitié du premier.

4° *Du Triolet.*

On appelle *triolet* un groupe de trois notes qui en valent deux de la même espèce. Ce groupe est ordinairement surmonté du chiffre 3.

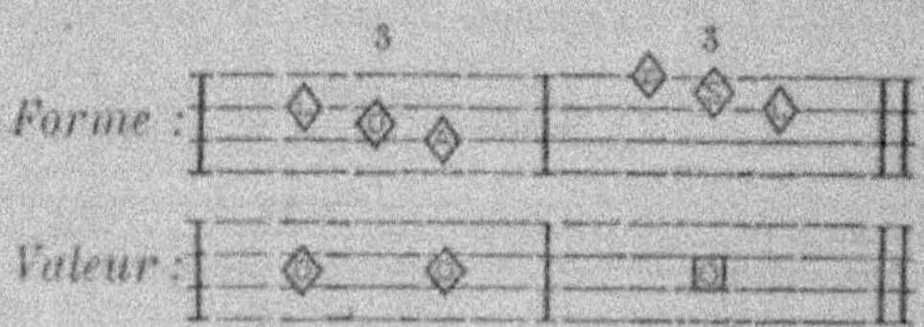

II. — DIFFÉRENTES ESPÈCES DE MESURE.

On appelle *mesure* en général, la division d'une pièce de chant en petites parties d'égale durée, séparées les unes des autres par des barres. Chacune de ces parties, appelées aussi mesures, se subdivise en parties d'égale durée que l'on nomme *temps*.

Il y a deux sortes de mesures : les *mesures simples* et les *mesures composées*.

Les *mesures simples* sont celles dans lesquelles chaque temps peut se diviser en deux parties égales.

Les *mesures composées* sont celles dans lesquelles chaque temps se divise en parties égales.

1° *Mesures simples.*

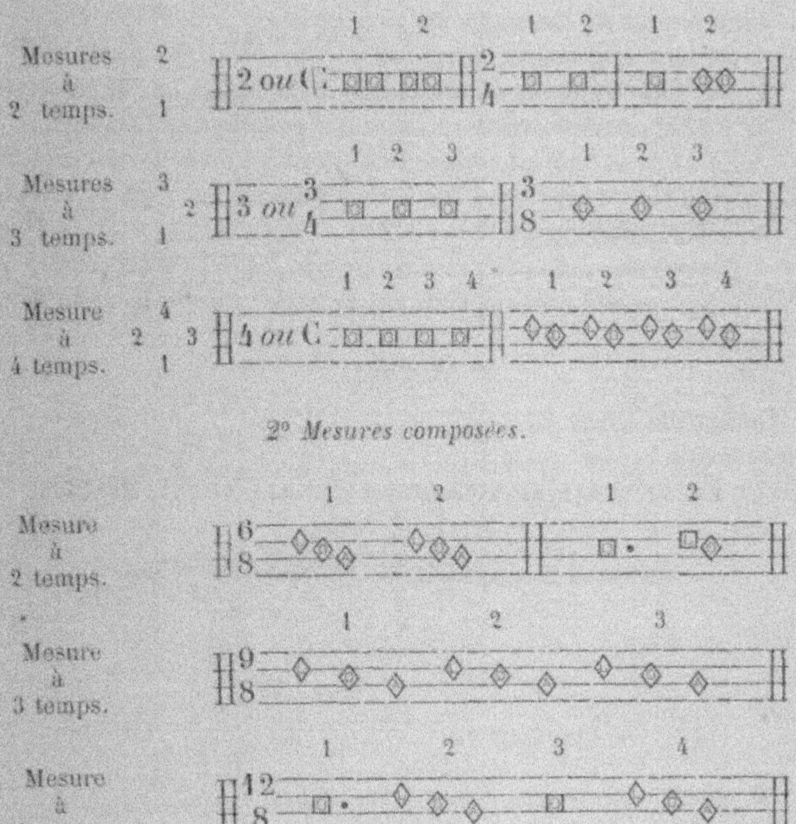

2° *Mesures composées.*

III. — DES ACCIDENTS.

Il y a dans le plain-chant mesuré, trois sortes d'*accidents* :
Le bémol ♭, le dièze ♯, et le bécarre ♮.
Le bémol placé devant une note, la baisse d'un demi-ton.
Le dièze placé devant une note, la hausse d'un demi-ton.
Le bécarre détruit l'effet du dièze, et celui du bémol.
Le dièze et le bémol sont *continuels*, quand ils sont placés au commencement de toutes les portées.
Ils sont accidentels, quand ils ne sont pas ainsi placés.
Le dièze et le bémol *continuels* influent sur toutes les notes de même nom que celle du degré sur lequel ils se trouvent.
Le dièze et le bémol *accidentels* altèrent la note devant laquelle ils sont placés, et toutes les notes de même nom qui la suivent dans la même mesure.
Le bécarre influe sur la note devant laquelle il est placé, et sur les notes de même nom qui la suivent dans le reste de la mesure.

EXERCICES D'APPLICATION DU PLAIN-CHANT MESURÉ.

Voir tous nos recueils de Cantiques et de Motets.

TABLEAU DES GAMMES

La lettre initiale intercalée indique le nom de chaque note.
Les lettres D. T. marquent la position des DEMI-TONS.

GAMME DE *DO*

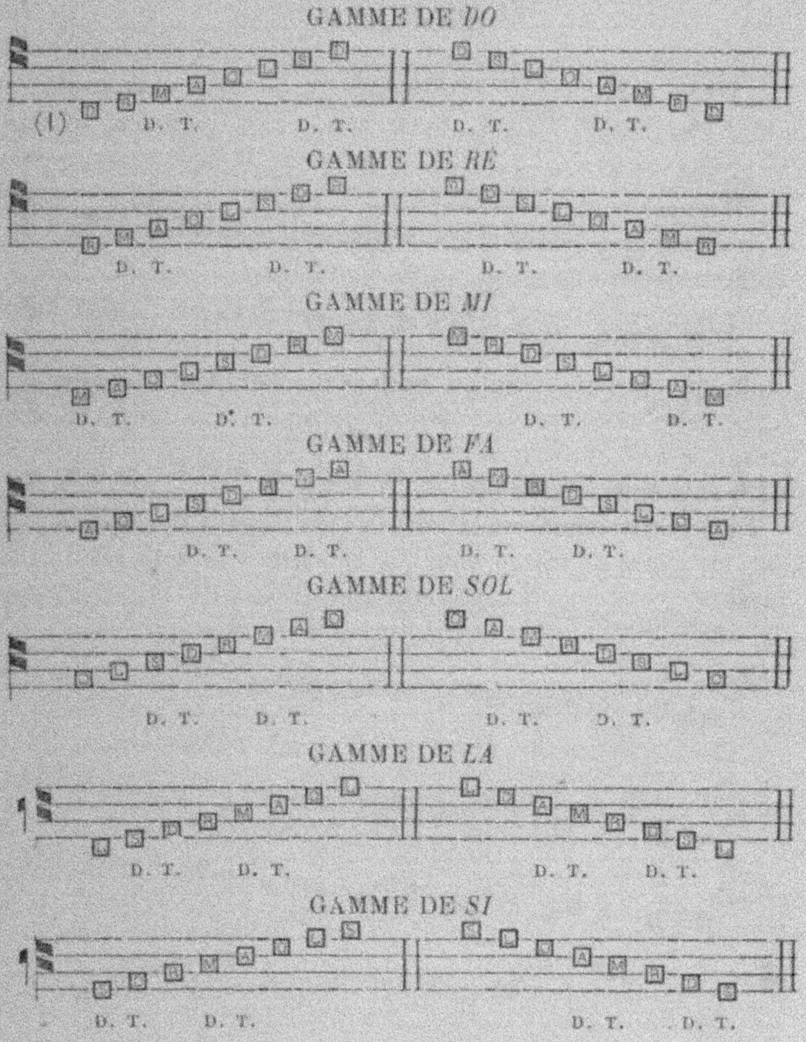

GAMME DE *RE*

GAMME DE *MI*

GAMME DE *FA*

GAMME DE *SOL*

GAMME DE *LA*

GAMME DE *SI*

(1) Solfiez en prenant sur le même ton la 1re note de toutes les gammes.

LEÇON PRÉPARATOIRE

EXERCICES DE LECTURE

COMPARAISON DE CETTE NOTATION ÉCRITE, SI FACILE A APPRENDRE,
AVEC LA NOTATION MUETTE, SI DIFFICILE A LIRE SUR TOUTES LES CLEFS

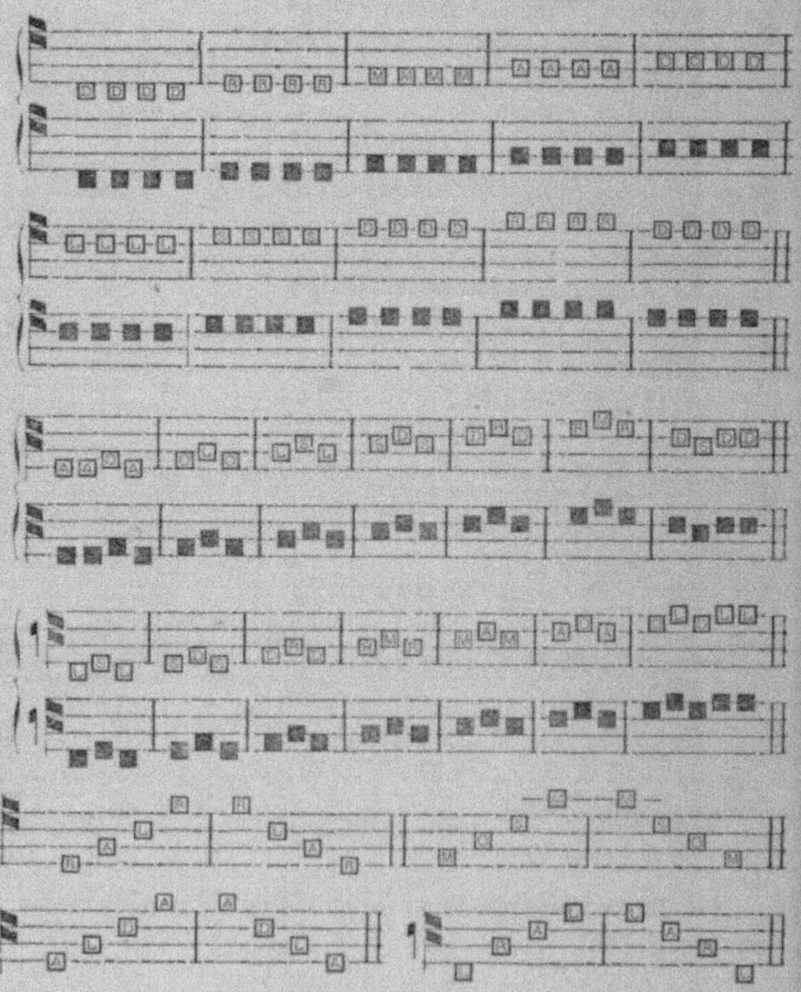

PREMIÈRE LEÇON

INTONATION.

Répétez chaque exercice plusieurs fois avant de passer au suivant.

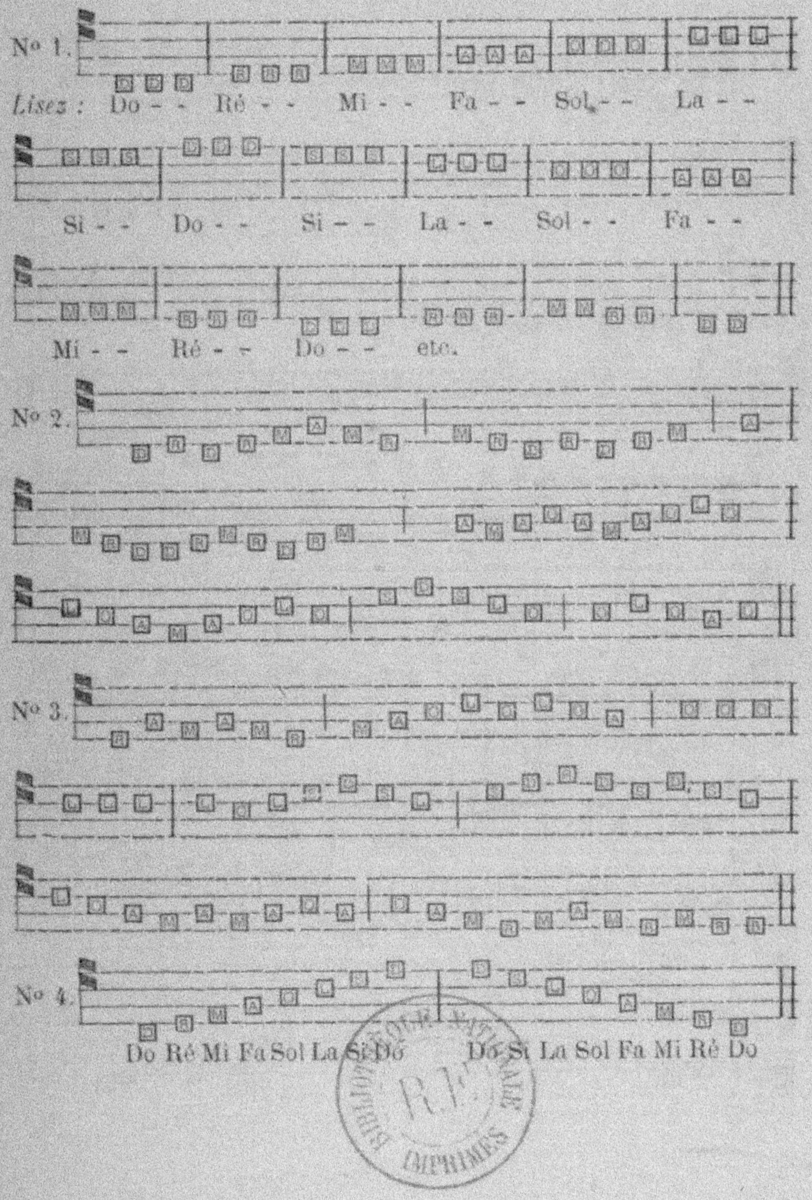

DEUXIÈME LEÇON

ÉTUDE DES INTERVALLES DE SECONDE ET TIERCE.

TROISIÈME LEÇON

ÉTUDE DES INTERVALLES DE QUARTE.

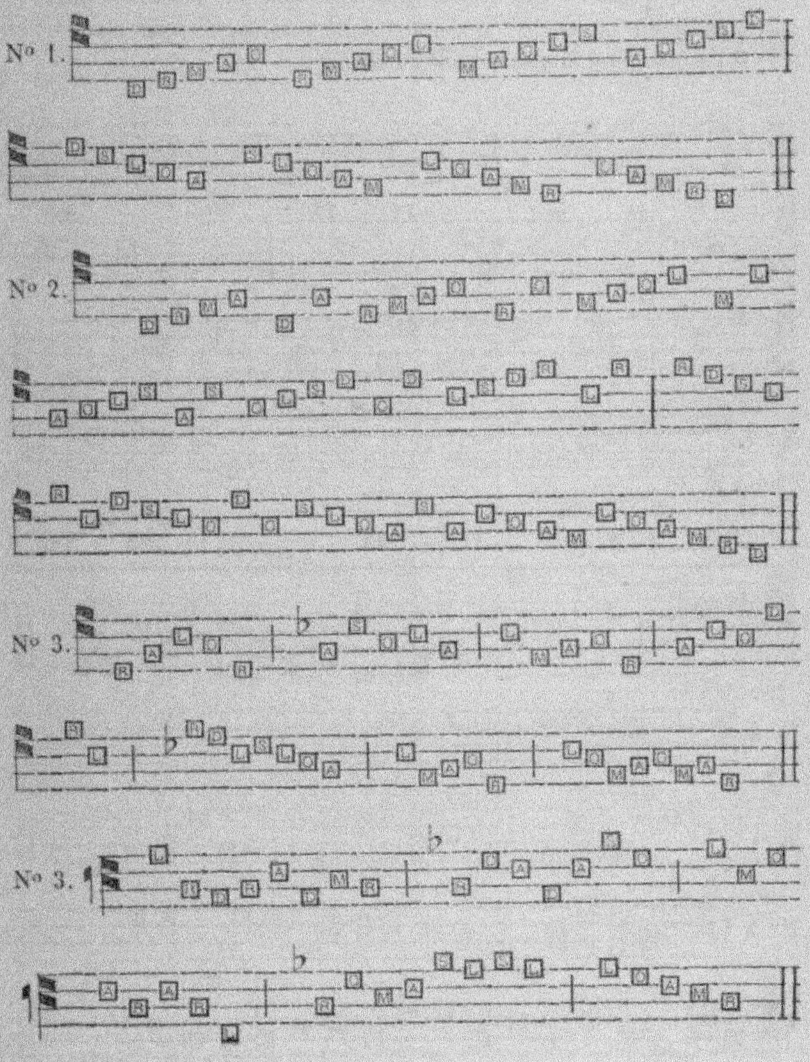

QUATRIÈME LEÇON

ÉTUDE DES INTERVALLES DE QUINTE.

Nous ne donnons point de leçons spéciales sur les intervalles de sixte, septième et octaves. En étudiant les formules des tons les élèves feront l'application des intervalles usités.

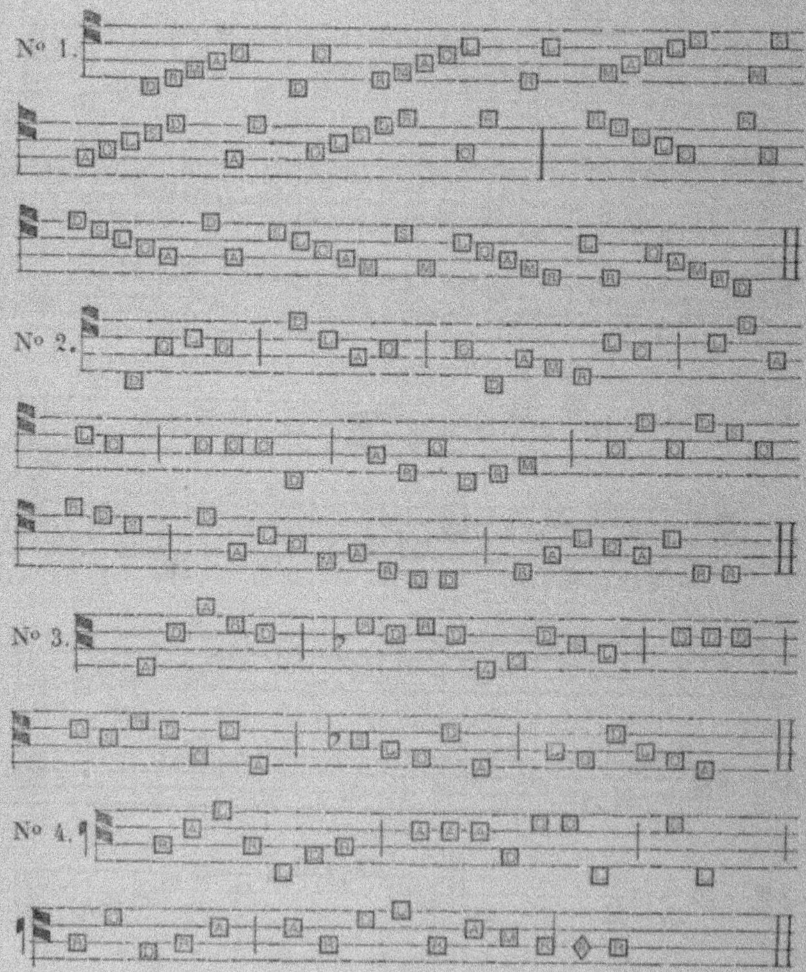

CINQUIÈME LEÇON

CHANT MESURÉ (1)

1er COUPLET.

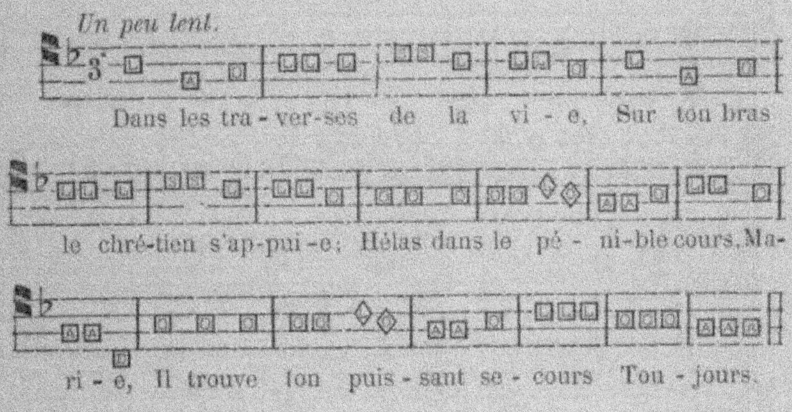

2e COUPLET.

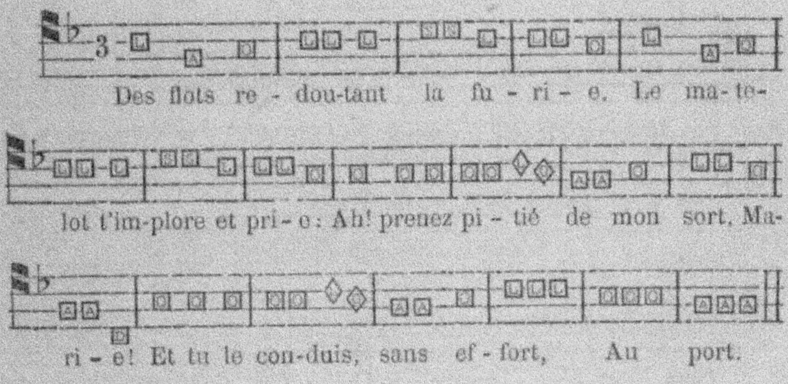

(1) NOTA. — Les élèves qui ne désirent pas apprendre le chant mesuré passeront cette leçon et la suivante.

SIXIÈME LEÇON

CHANT MESURÉ.

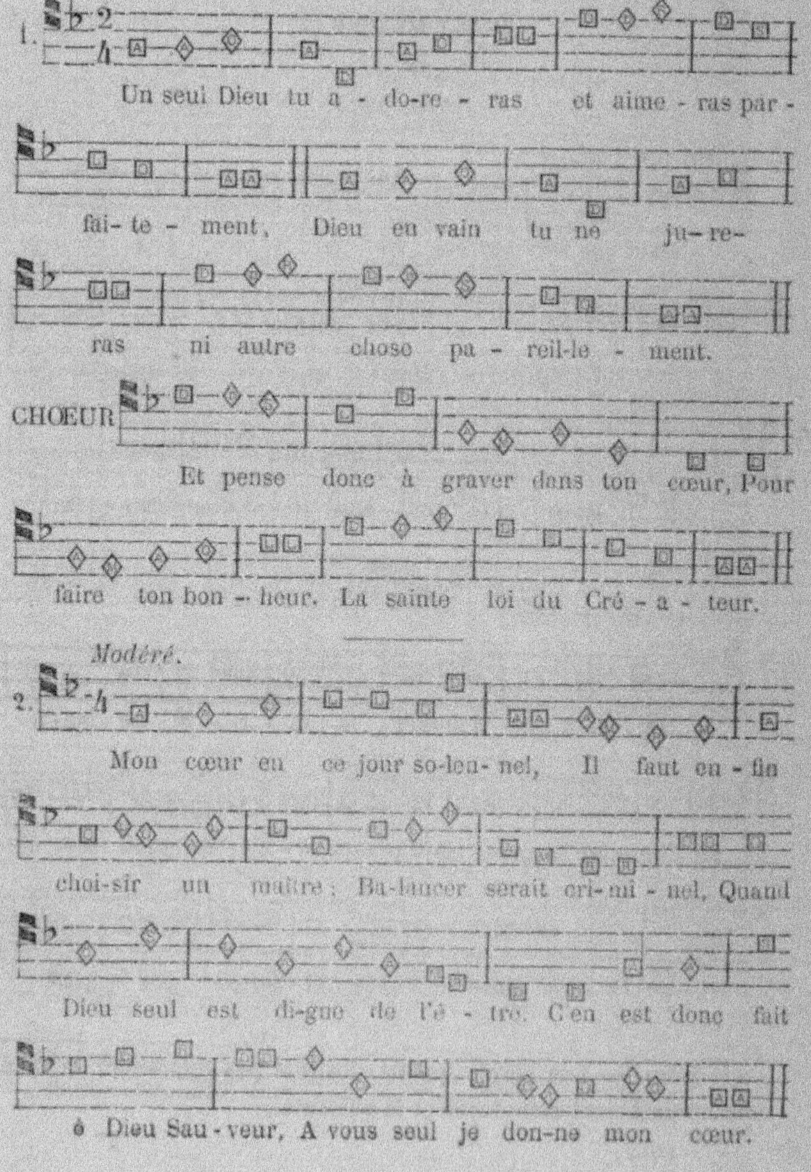

SEPTIÈME LEÇON

PRINCIPALES FORMULES DU 1er TON.

BÉMOL ACCIDENTEL.

FORMULES DU 1ᵉʳ TON.

BÉMOL ACCIDENTEL.

APPLICATION DES NOTES AUX PAROLES.

INTROÏT DE LA FÊTE DE TOUS LES SAINTS.

HUITIÈME LEÇON

FORMULES ORDINAIRES DU 2ᵉ TON.

CLEF DE FA USITÉE, 3ᵉ LIGNE.

FORMULES ORDINAIRES DU 2ᵉ TON.

CLEF DE FA

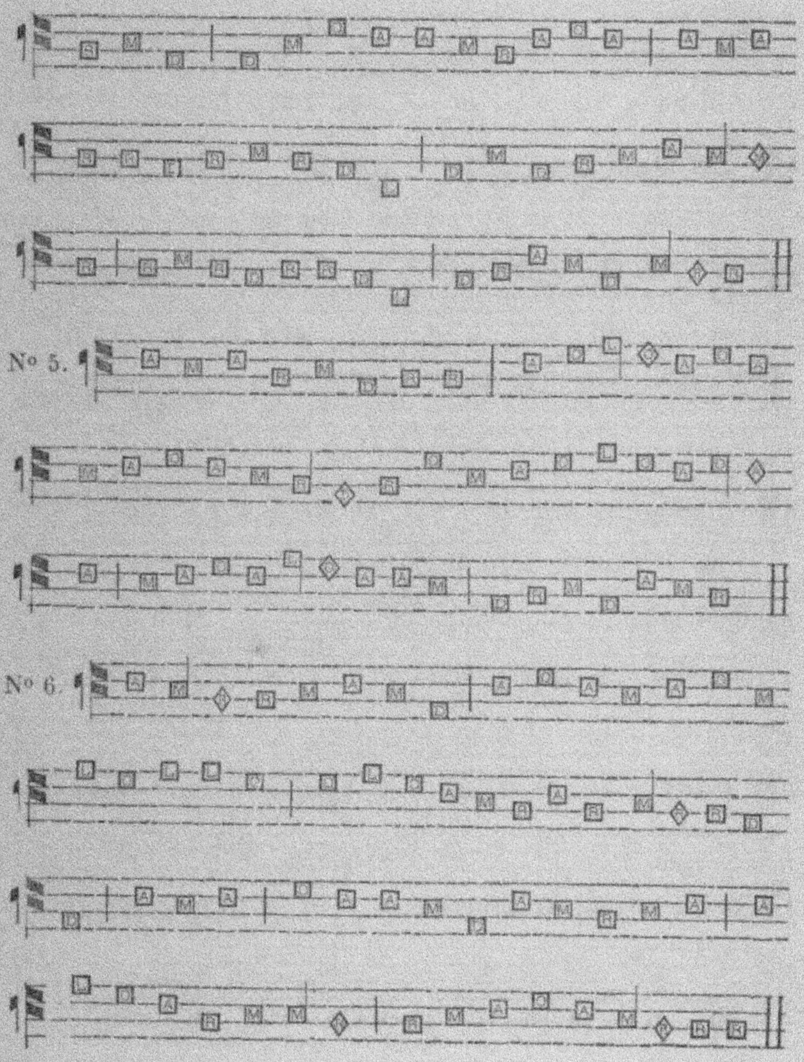

N° 5.

N° 6.

APPLICATION DES NOTES AUX PAROLES.

INTROÏT DE LA FÊTE DU SAINT – SACREMENT.

2e Ton.

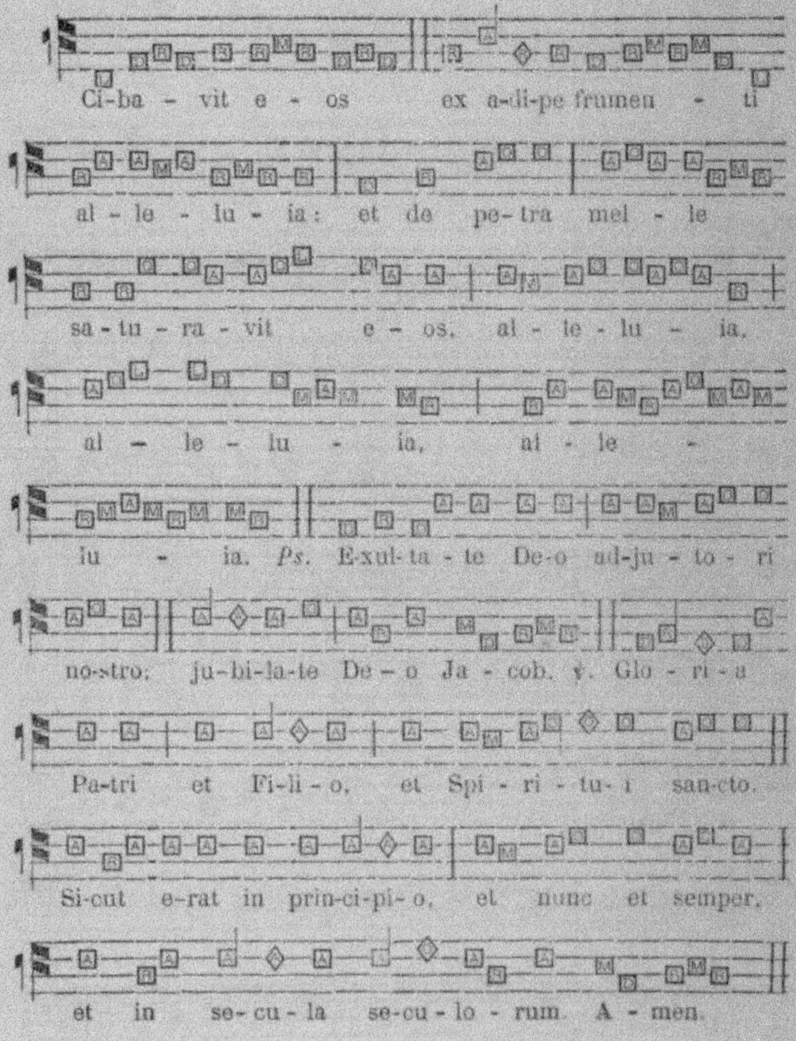

NEUVIÈME LEÇON

FORMULES DU 3ᵉ TON.

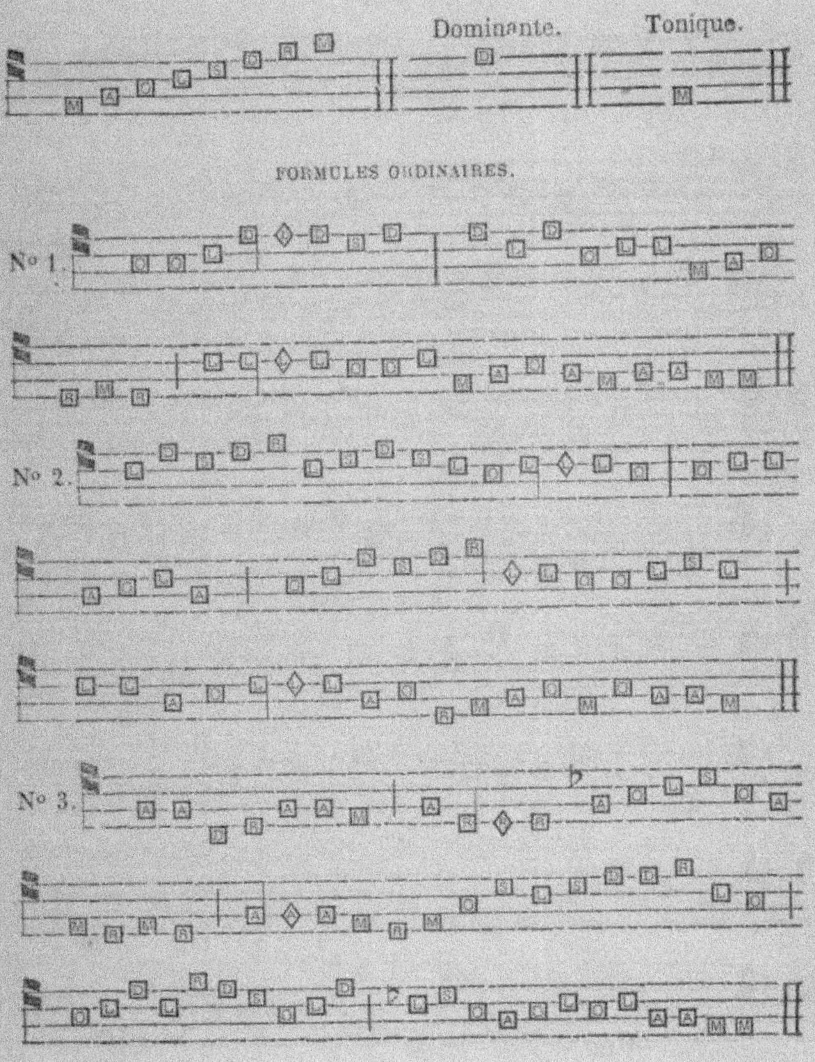

FORMULES DU 3ᵉ TON.

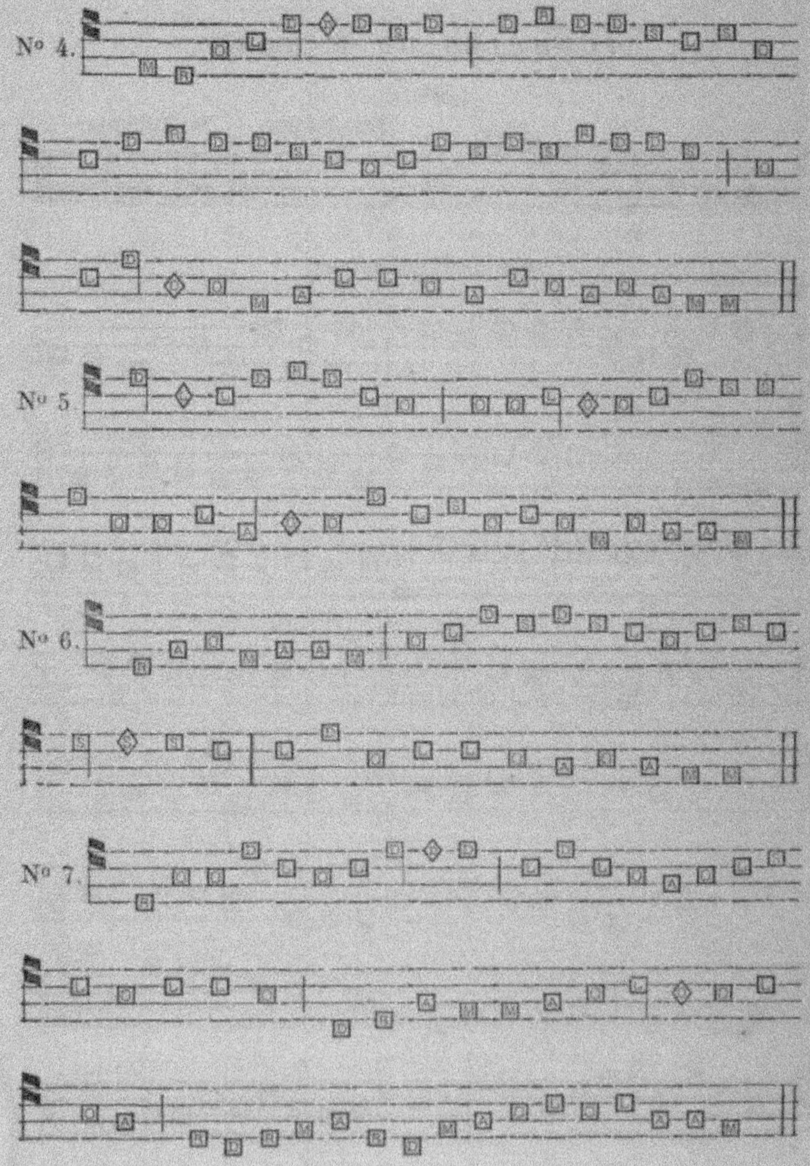

APPLICATION DES NOTES AUX PAROLES

INTROÏT DE LA FÊTE DE SAINT LAURENT

(10 août.)

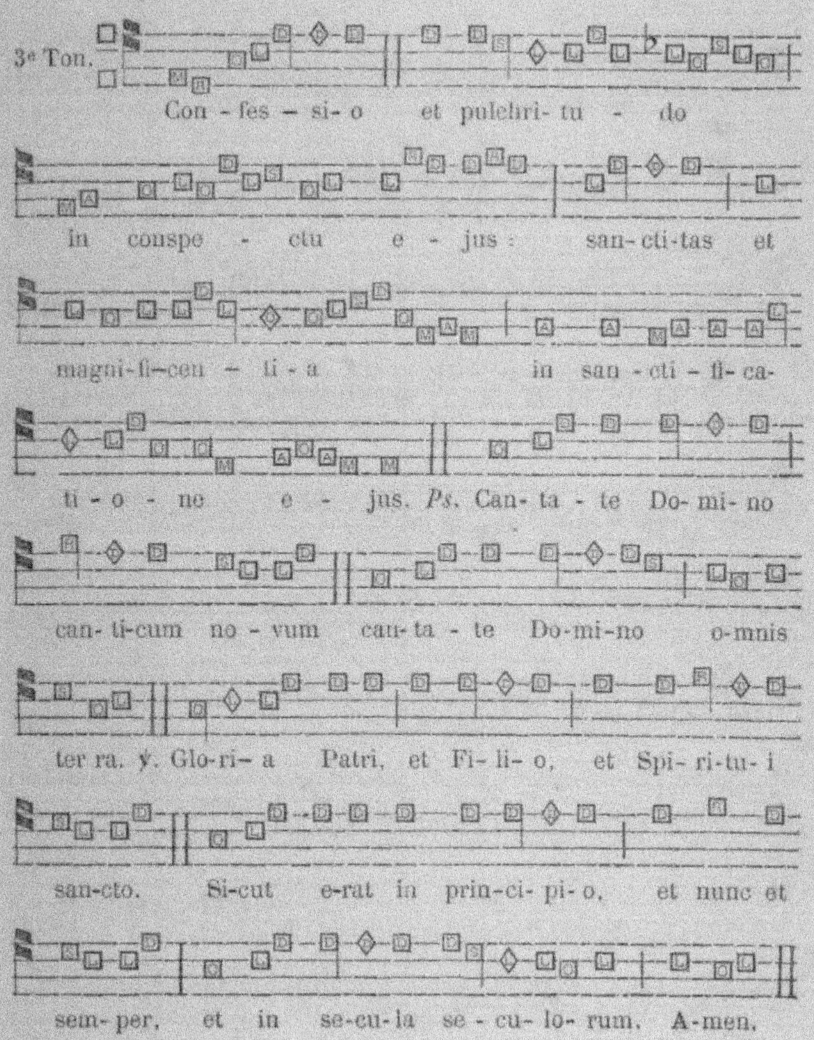

DIXIÈME LEÇON

FORMULES DU 4ᵉ TON.

BÉMOL ACCIDENTEL.

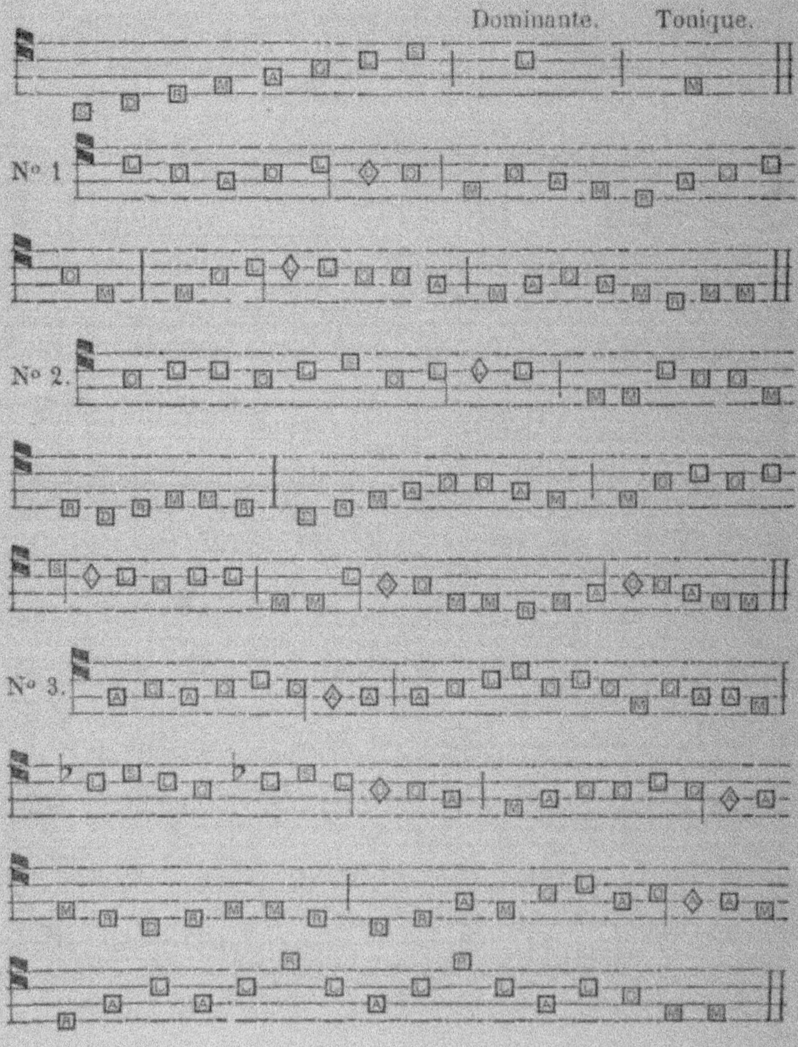

APPLICATION DES NOTES AUX PAROLES.

INTROÏT DU JEUDI SAINT.

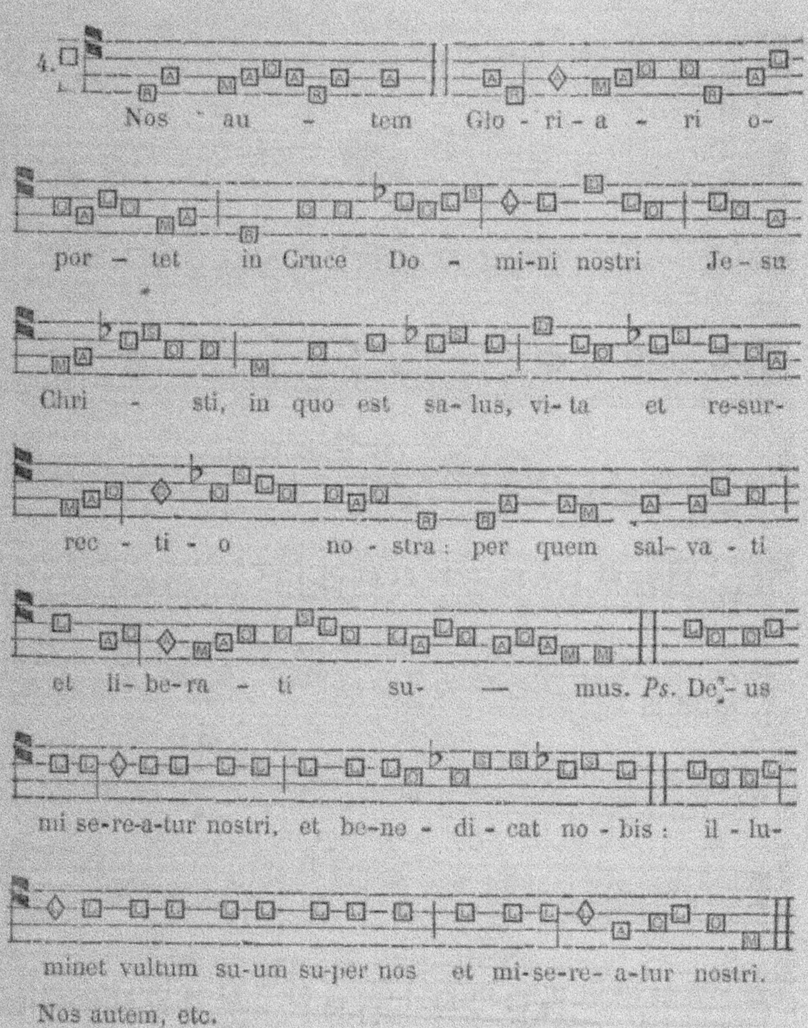

Nos autem, etc.

ONZIÈME LEÇON

FORMULES DU 5e TON.

CLEF DE DO SUR LA 3e LIGNE.

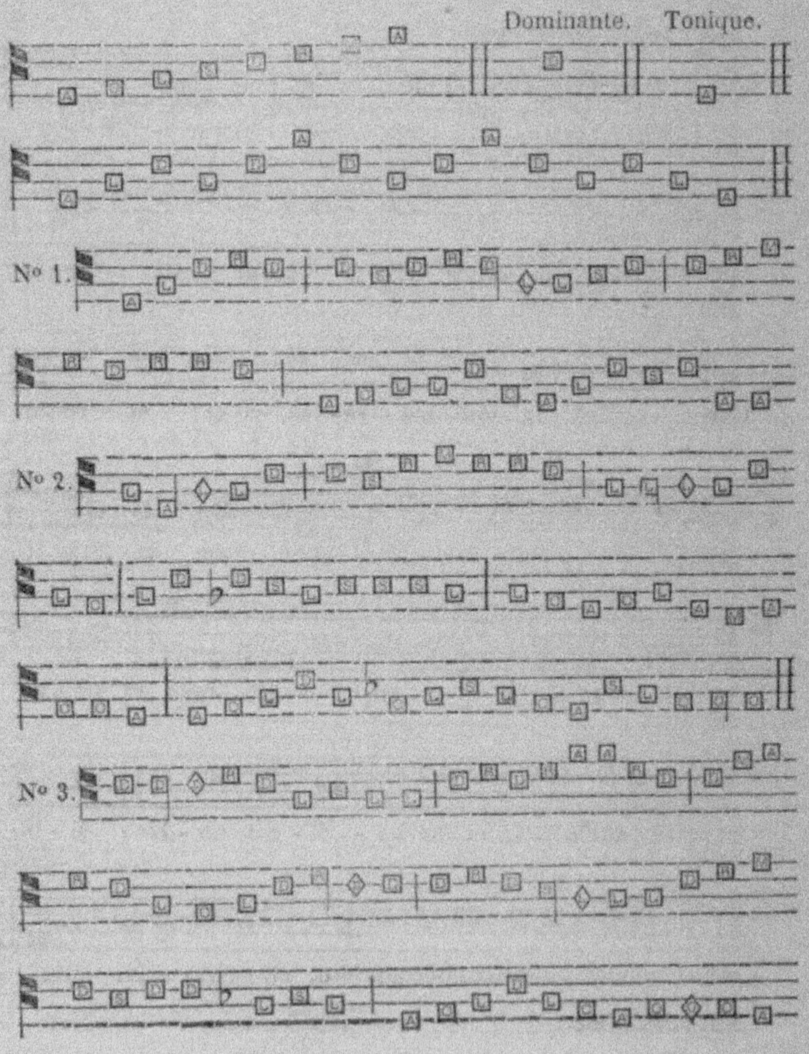

APPLICATION DES NOTES AUX PAROLES.

INTROÏT DU DIMANCHE DE LA SEPTUAGÉSIME

5e Ton

DOUZIÈME LEÇON

FORMULES DU 6ᵉ TON.

BÉMOL CONTINU.

FORMULES DU 6ᵉ TON

EXERCICES SUR LE BÉMOL

APPLICATION DES NOTES AUX PAROLES

INTROÏT DU DIMANCHE DE QUASIMODO

TREIZIÈME LEÇON

FORMULES DU 7ᵉ TON

FORMULES DU 7ᵉ TON.

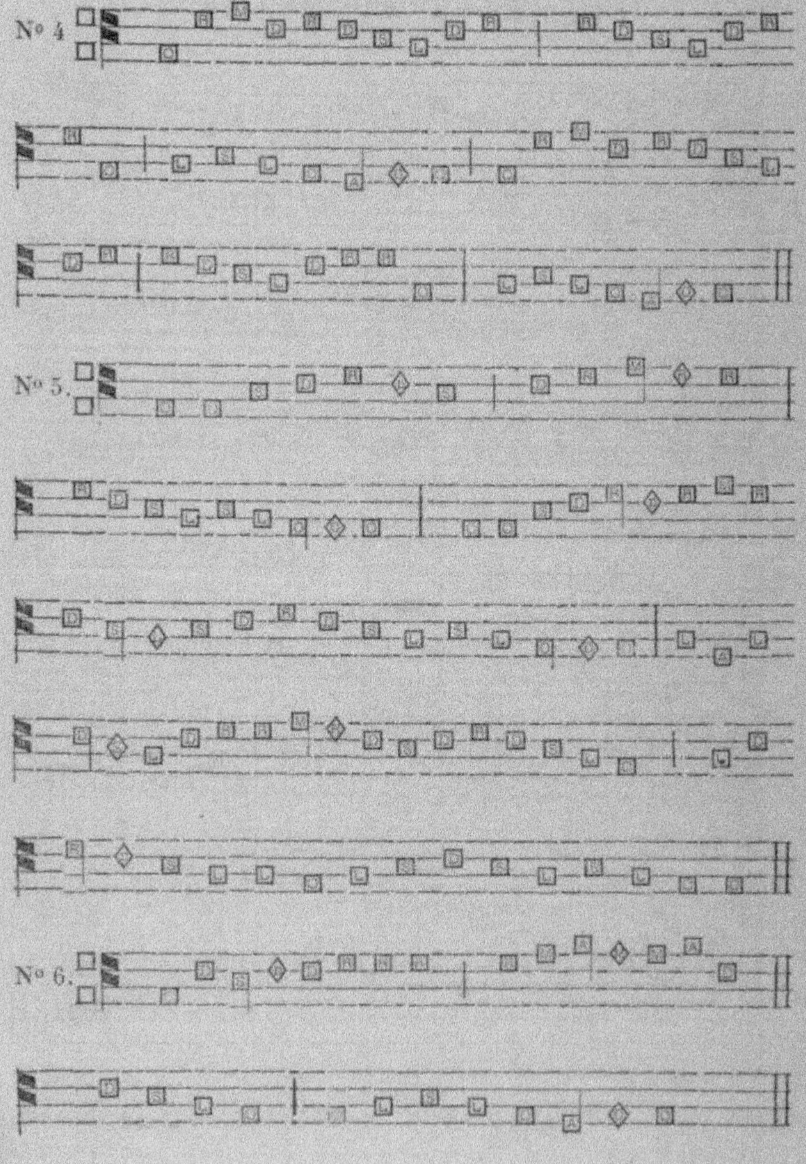

APPLICATION DES NOTES AUX PAROLES

INTROÏT DU 3e DIMANCHE DE CARÊME

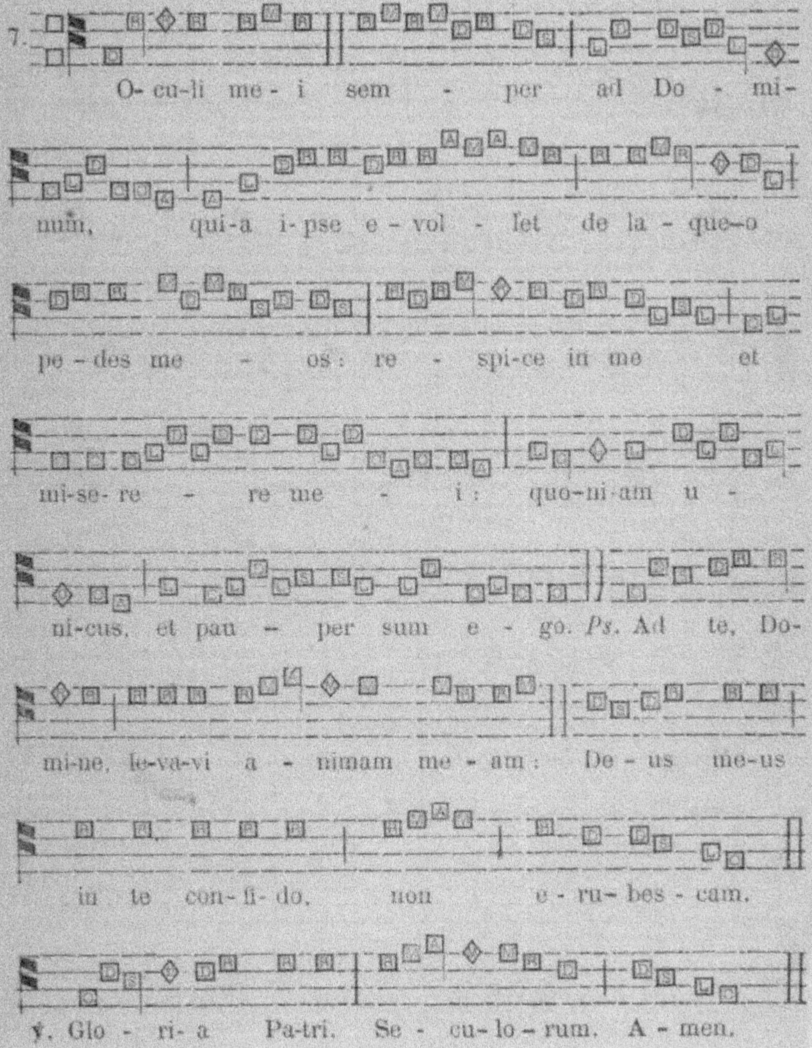

QUATORZIÈME LEÇON.

FORMULES DU 8ᵉ TON.

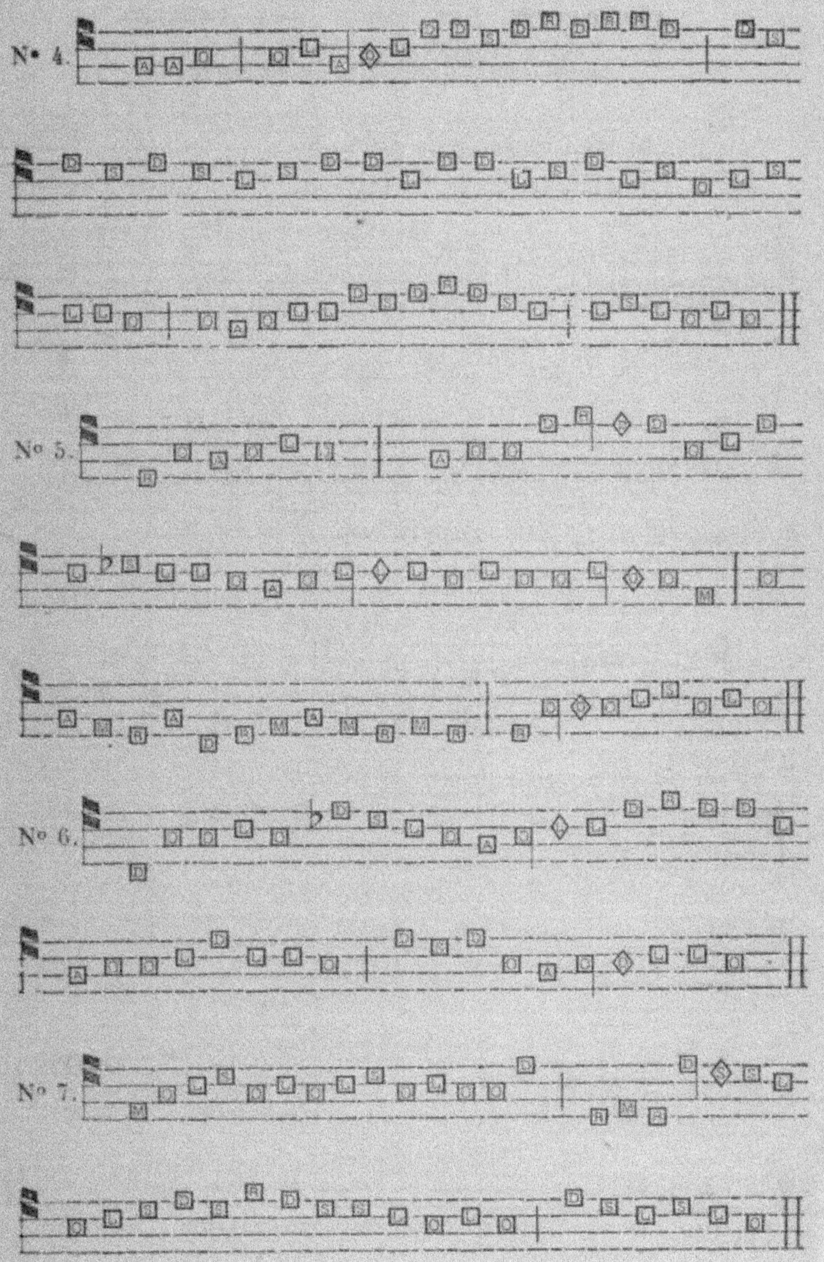

N° 4.
Nº 5.
Nº 6.
Nº 7.

APPLICATION DES NOTES AUX PAROLES.

INTROÏT DU 3ᵉ DIMANCHE APRÈS PAQUES

QUINZIÈME LEÇON

TONS DES PSAUMES

Avec toutes leurs terminaisons indiquées par les lettres ordinaires.

PREMIER TON.

DEUXIÈME TON.

TROISIÈME TON.

QUATRIÈME TON.

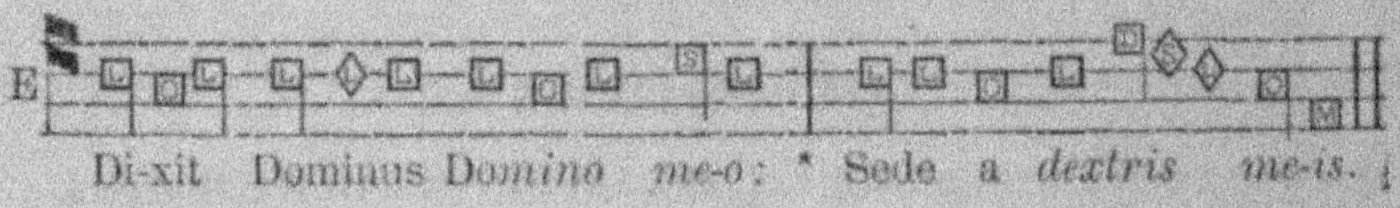

Di-xit Dominus Domino me-o : * Sede a *dextris* me-is.

Di-xit Dominus Domino me-o : * Sede a *dextris* meis.

CINQUIÈME TON.

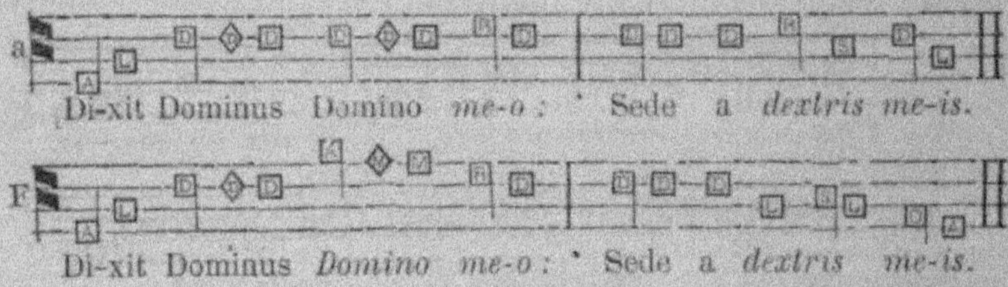

Di-xit Dominus Domino me-o : * Sede a *dextris me-is.*

Di-xit Dominus *Domino* me-o : * Sede a *dextris* me-is.

SIXIÈME TON.

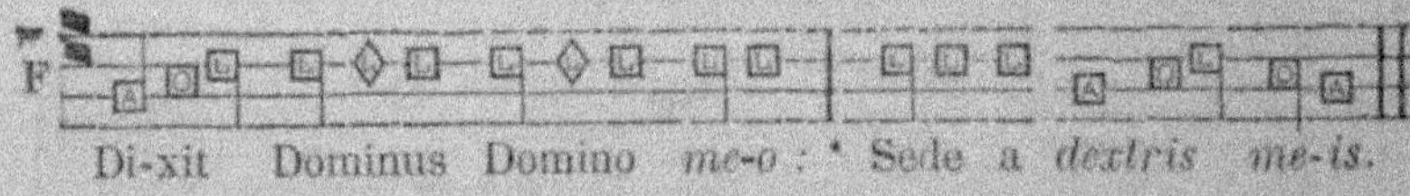

Di-xit Dominus Domino me-o : * Sede a *dextris* me-is.

SEPTIÈME TON.

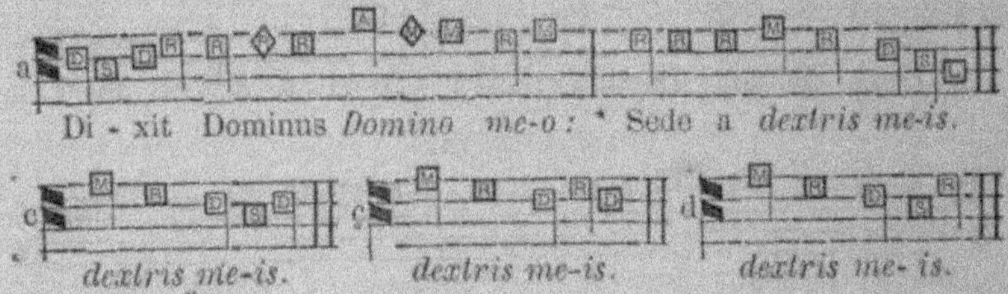

Di - xit Dominus *Domino* me-o : * Sede a *dextris me-is.*

dextris me-is.   *dextris me-is.*   *dextris me-is.*

HUITIÈME TON

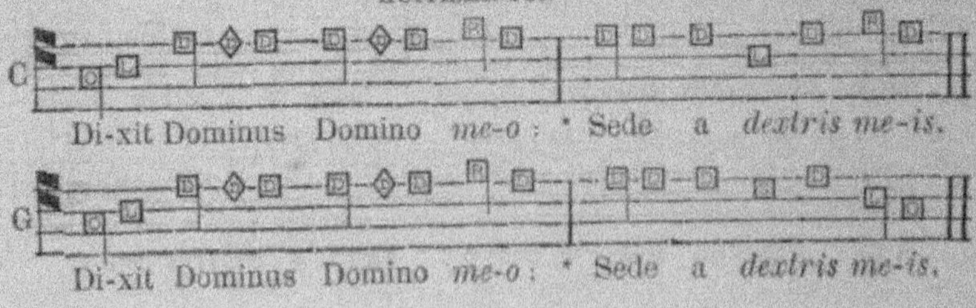

Di-xit Dominus Domino me-o : * Sede a *dextris me-is.*

Di-xit Dominus Domino me-o : * Sede a *dextris me-is.*

SEIZIÈME LEÇON

CHANT DES PSAUMES A UNE ET DEUX VOIX

DIXIT

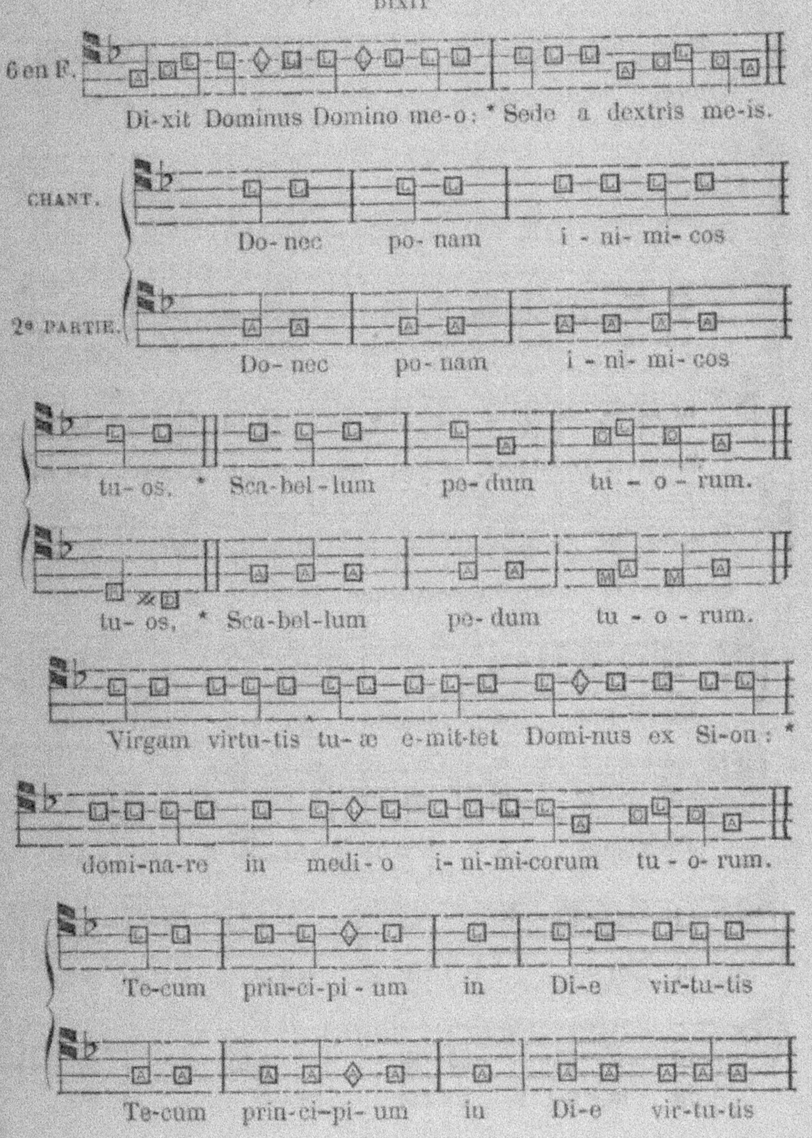

tu- æ, in splendo- ri- bus sancto-rum: * ex u- te- ro
tu- æ, in splendo—ri-bus sancto-rum: * ex u- te- ro
an- te lu - ci- fe- rum ge - nu - i te.
an- te lu- ci- fe- rum ge - nu - i te.
Ju-ra-vit Domi-nus, et non pœ-ni-te-bit e - um: Tu es
sacerdos in æternum secundum or-dinem Mel-chi-se-dech,
Do-mi-nus a dextris tu - is : * confre - git
Do-mi-nus a dextris tu - is : * confre - git
in di - e i - ræ su - æ re- ges.
in di - e i - ræ su - æ re- ges.

Ju-di-ca-bit in na-ti-o-ni-bus imple-bit ru-i-nas: *
conquas-sa-bit ca-pi-ta in ter-ra mul-to-rum.
De tor-ren-te in vi-a bi-bet. *
De tor-ren-te in vi-a bi-bet: *
propter-e-a e-xal-ta-bit ca-put.
propter-e-a e-xal-ta-bit ca-put.
Glo-ri-a Patri et Fi-li-o et Spi-ri-tu-i Sancto.
Si-cut e-rat in prin-ci-pi-o, et nunc, et
Si-cut e-rat in prin-ci-pi-o, et nunc, et
semper; * et in se-cu-la se-cu-lo-rum. Amen.
semper, * et in se-cu-la se-cu-lo-rum. Amen.

Psaume 116.

LAUDATE DOMINUM

Solo et chœur à 3 voix

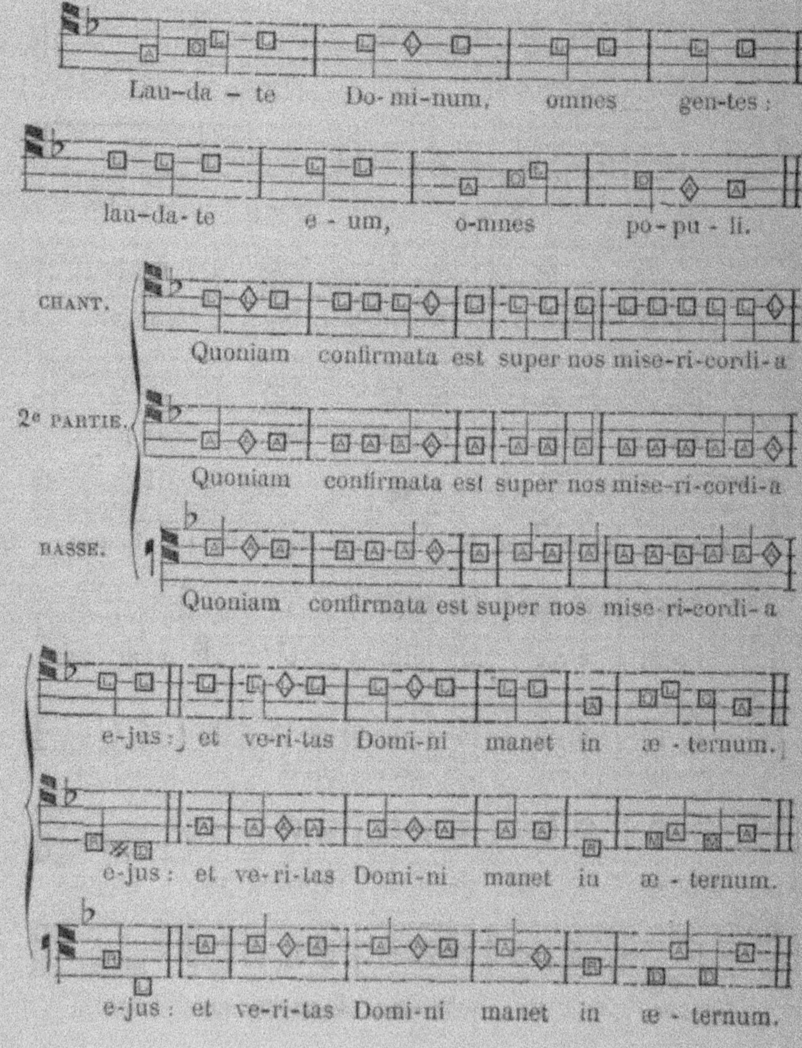

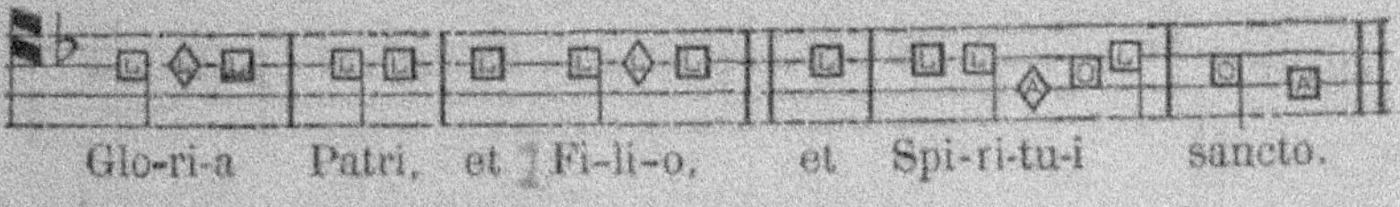

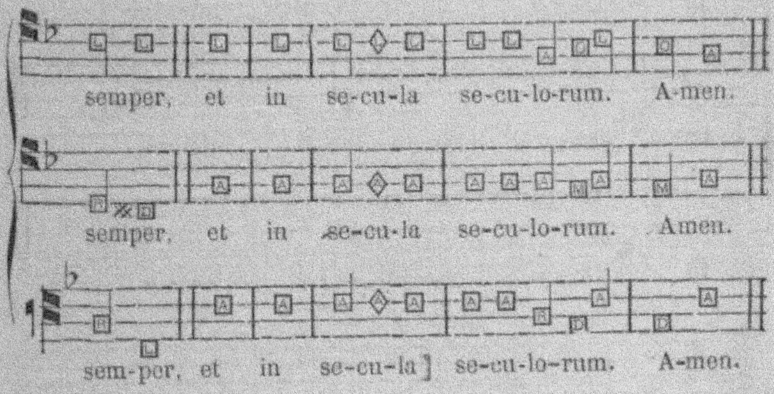

Glo-ri-a Patri, et Fi-li-o, et Spi-ri-tu-i sancto.

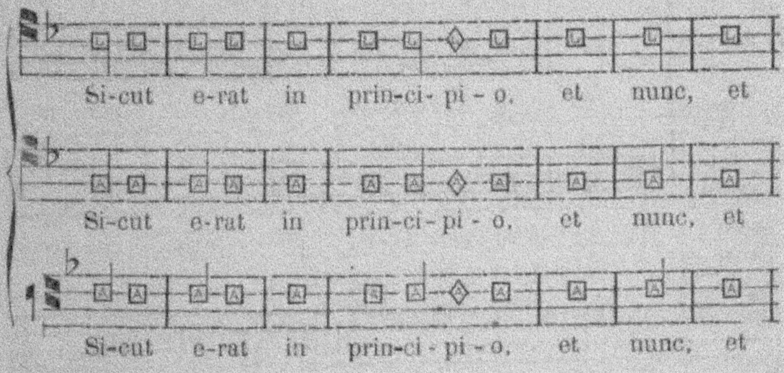

Si-cut e-rat in prin-ci-pi - o, et nunc, et

Si-cut e-rat in prin-ci-pi - o, et nunc, et

Si-cut e-rat in prin-ci-pi - o, et nunc, et

semper, et in se-cu-la se-cu-lo-rum. A-men.

semper, et in se-cu-la se-cu-lo-rum. Amen.

sem-per, et in se-cu-la se-cu-lo-rum. A-men.

CHANT DU CANTIQUE MAGNIFICAT

Solo et chœur à 3 voix.

Ré en mi.

Magni - fi-cat a-ni-ma me - a Do-mi-num.

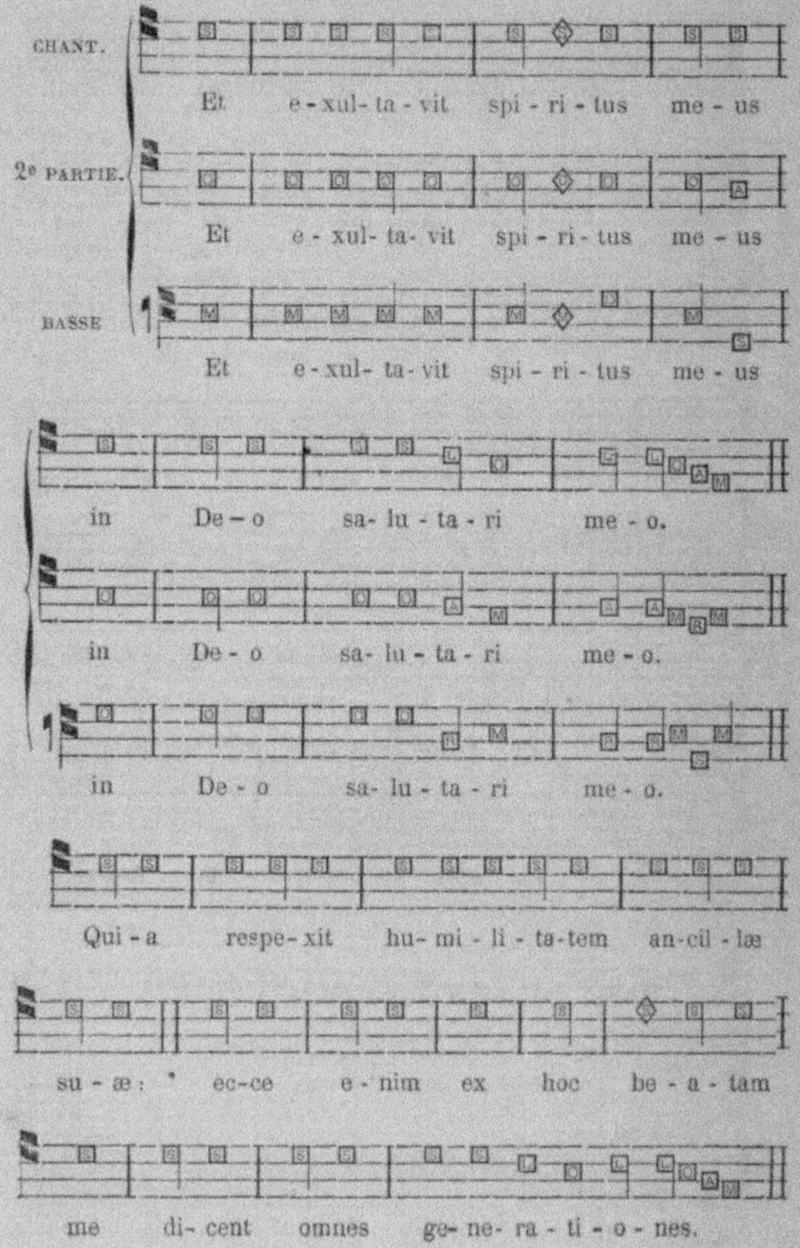
CHANT.
Et e - xul - ta - vit spi - ri - tus me - us
2e PARTIE.
Et e - xul - ta - vit spi - ri - tus me - us
BASSE
Et e - xul - ta - vit spi - ri - tus me - us
in De - o sa - lu - ta - ri me - o.
in De - o sa - lu - ta - ri me - o.
in De - o sa - lu - ta - ri me - o.
Qui - a respe - xit hu - mi - li - ta - tem an - cil - læ
su - æ : ec-ce e - nim ex hoc be - a - tam
me di - cent omnes ge - ne - ra - ti - o - nes.

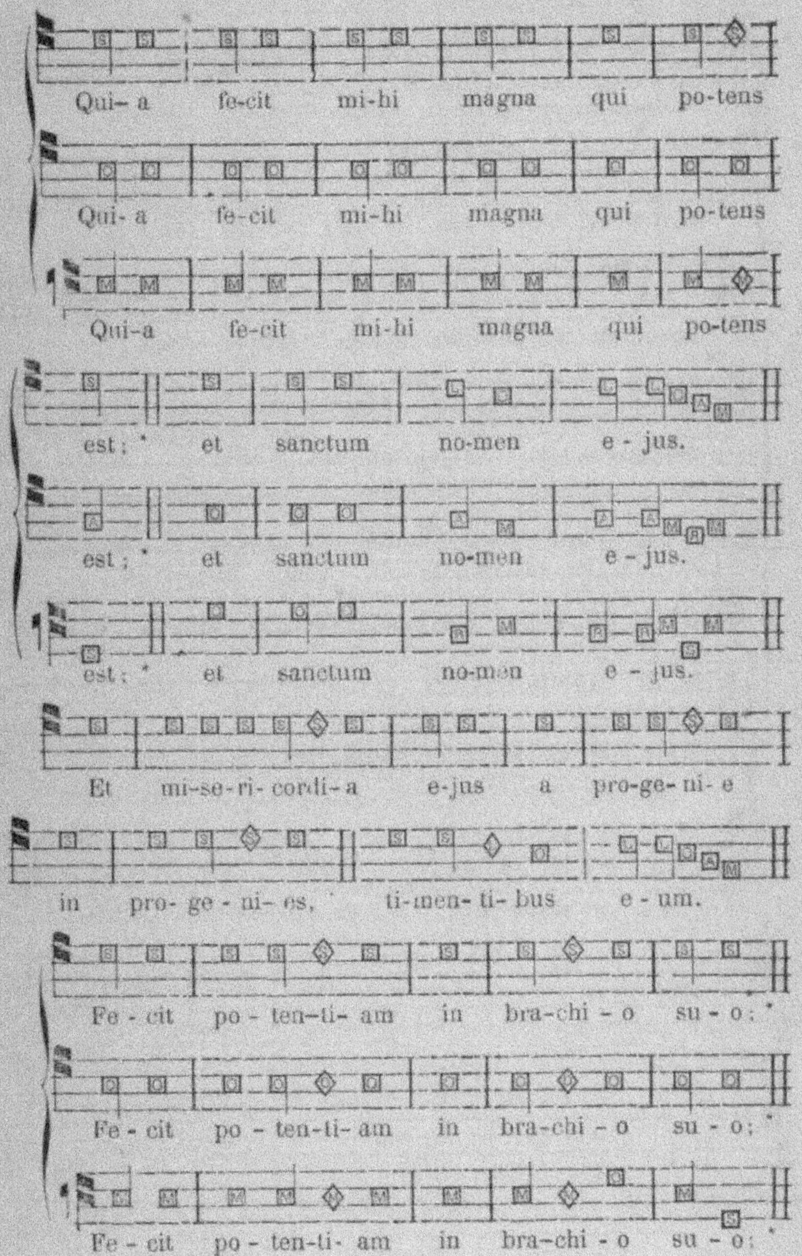
Qui-a fe-cit mi-hi magna qui po-tens
Qui-a fe-cit mi-hi magna qui po-tens
Qui-a fe-cit mi-hi magna qui po-tens
est; et sanctum no-men e - jus.
est; et sanctum no-men e - jus.
est; et sanctum no-men e - jus.
Et mi-se-ri-cordi-a e-jus a pro-ge-ni-e
in pro-ge-ni-es, ti-men-ti-bus e - um.
Fe - cit po - ten-ti-am in bra-chi-o su-o:
Fe - cit po - ten-ti-am in bra-chi-o su-o:
Fe - cit po - ten-ti-am in bra-chi-o su-o:

dis-per-sit su-per-bos mente cor-dis su - i.
dis-per-sit su-per-bos mente cor-dis su - i.
dis-per-sit su-per-bos mente cor-dis su - i.
De- po- su - it po- ten-tes de se- de,
et e - xal- ta- vit hu - mi - les.
E - su- ri - en-tes im-ple- vit bo- nis.
E - su- ri - en-tes im-ple- vit bo- nis.
E - su- ri - en-tes im-ple- vit bo- nis.
et di - vi- tes di- mi- sit i - na- nes.
et di - vi- tes di- mi- sit i - na- nes,
et di - vi- tes di- mi- sit i - na- nes.

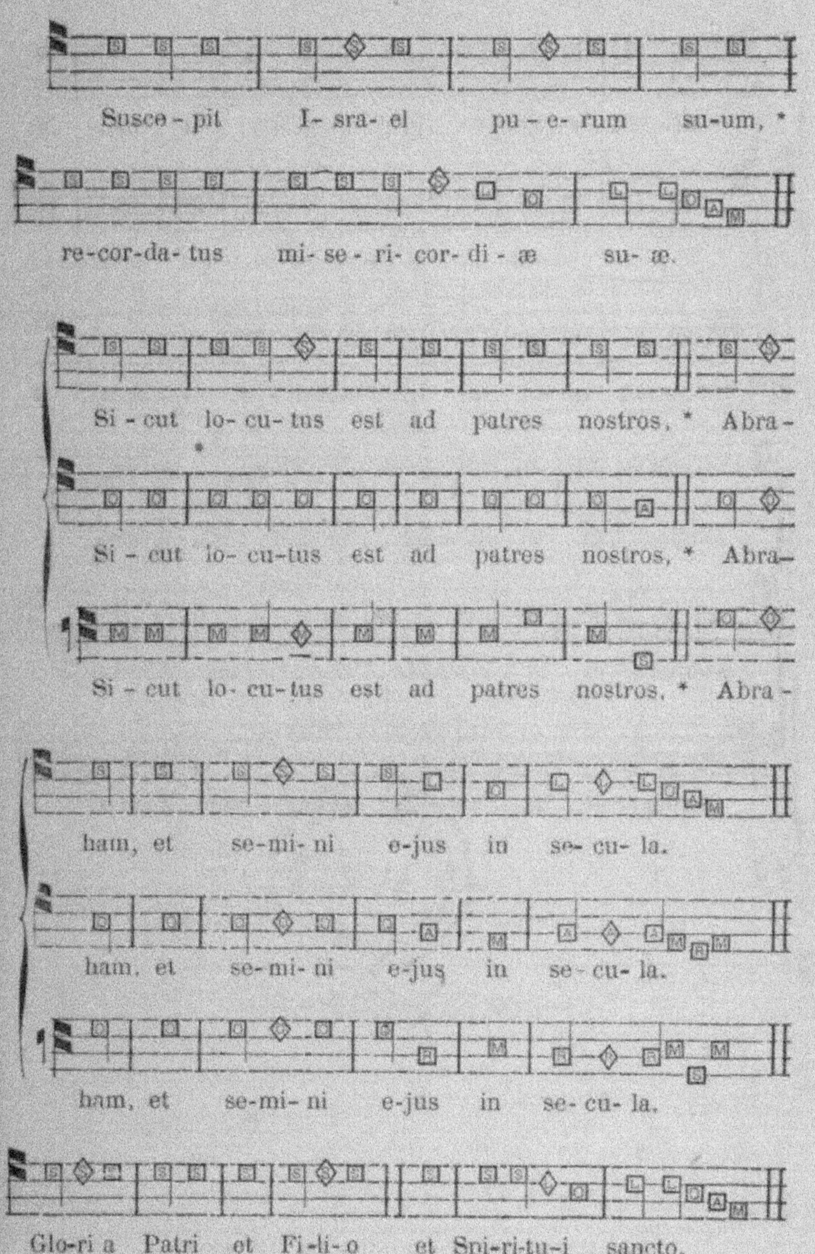

Susce - pit I - sra- el pu – e- rum su -um, *
re-cor-da- tus mi- se - ri- cor- di - æ su - æ.
Si - cut lo- cu- tus est ad patres nostros, * Abra-
Si - cut lo- cu- tus est ad patres nostros, * Abra-
Si - cut lo- cu- tus est ad patres nostros, * Abra-
ham, et se-mi- ni e-jus in se- cu- la.
ham, et se-mi- ni e-jus in se- cu- la.
ham, et se-mi- ni e-jus in se- cu- la.
Glo-ri a Patri et Fi-li-o et Spi-ri-tu-i sancto.

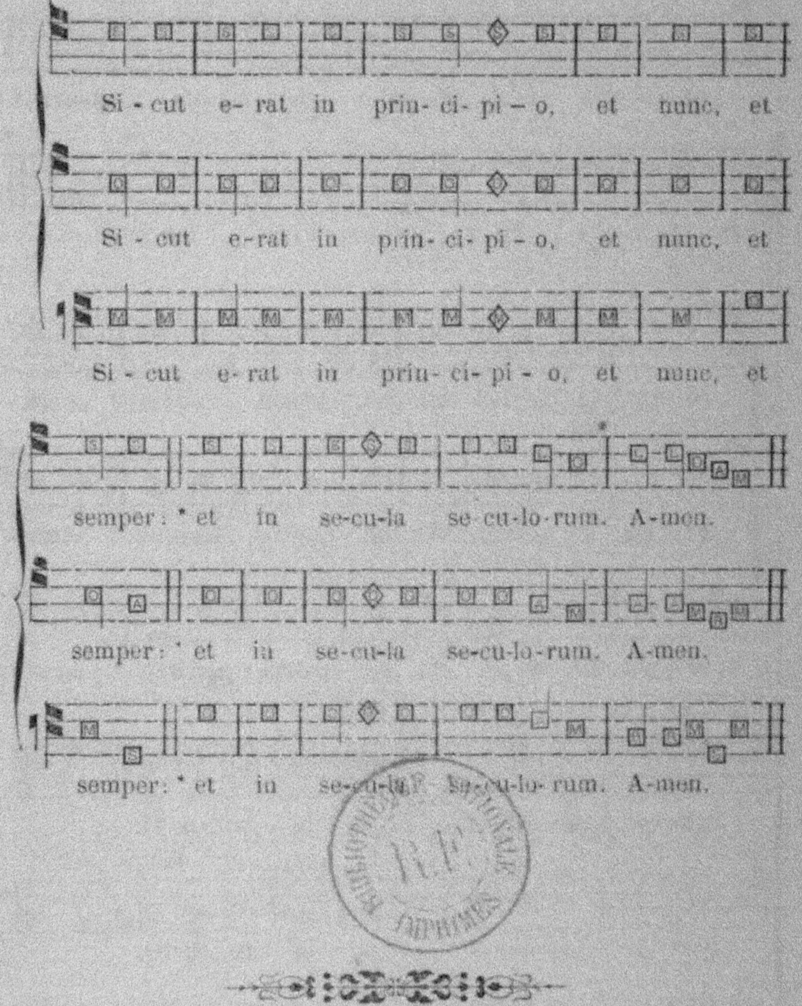

Saint-Maixent, typographie Ch. Reversé.

BIBLIOTHEQUE NATIONALE DE FRANCE
3 7531 03334449 1

www.ingramcontent.com/pod-product-compliance
Ingram Content Group UK Ltd.
Pitfield, Milton Keynes, MK11 3LW, UK
UKHW022132170726
13837UKWH00004B/1514